唐诗里的
十八场旅行

蔡丹君 著

四川文艺出版社

果麦文化 出品

一　蜀川
　　王勃的少年壮游　　　　　　1

二　幽州
　　陈子昂的登高怅望　　　　　15

三　吴越
　　李白的梦里山河　　　　　　25

四　从长安到奉先
　　杜甫的成圣之路　　　　　　36

五　潮州
　　韩愈的骨鲠一生　　　　　　48

六　永州
　　柳宗元的溪居哲思　　　　　59

七　营州
　　高适的燕赵悲歌　　　　　　72

八　轮台
　　岑参的铁马冰河　　　　　　86

九　朗州
　　刘禹锡的释怀与接受　　　　99

十　仙游寺
　　白居易的爱而不得　　　　　112

十一　辋川
　　　王维的三次送别　　　125

十二　月亮
　　　李贺的梦天之旅　　　138

十三　扬州
　　　杜牧的十年一觉　　　149

十四　巴山
　　　李商隐的离情别绪　　　158

十五　梁宋
　　　李白与杜甫的相逢相知　　　170

十六　襄阳
　　　孟浩然的故园情结　　　183

十七　溧阳
　　　孟郊的游子思亲　　　197

十八　江南
　　　温庭筠的末世迷途　　　207

一

蜀川
王勃的少年壮游

雨过天晴，一个采药少年穿梭于缀满雨珠的草木间，他背着的竹筐里装着许多新鲜草药。走累了，他便靠着松树休息，望着山下不远处的城池——长安。

这个寻药少年就是后来大名鼎鼎的王勃。

王勃出生在绛州龙门，这个地方在今天的山西省河津市，他的家族是历史上非常有名的河汾王氏。其祖父是隋代大儒王通，地位很高，唐太宗的名臣魏徵、房玄龄，都是他的学生。王通的弟弟，也就是王勃的叔祖父王绩，曾经三仕三隐，在诗歌方面很有成就，也是一代名流。王勃的父亲叫王福畤（zhì），虽然他自己普普通通，但他的几个孩子都很聪明。王勃和他的两个哥哥王勔（miǎn）、王勮（jù），被人称为王家的"三珠树"。

王勃和他的兄弟们，都是从小就开始读书。今天我们说起读书，觉得是一件稀松平常的事情。但在古代，读书在很多情况下意味着一种特权，有些书并不是普通百姓能读到的。王氏家族因为特殊的社会地位和文化地位，能读到非常多的好书。当时，大学者颜师古给史书《汉书》做的注释，尚年幼的王勃就有机会读到了，甚至还写了一部指出颜师古《汉书注》错误的书，叫《汉书注指瑕》。这相当于王勃不但了解当时顶尖的研究著作，还能写出论文和大学者商榷意见。

王勃年少时，家里送他去长安名医曹元那里学医。王勃的家族在知识方面非常有追求，家族里的孩子们，不能只学一门功课，要非常博学才行。学医的王勃，有着宏大的抱负和梦想，他要救苍生、存斯文。他在曹元这里，习得《周易》《黄帝内经·素问》《难经》等著作，并且为《难经》做注。所以说，王勃是因为勤奋而远远超出了同龄人，并且拥有许多著作成果，才拥有"天才"声名的。

本来王勃这医学生当得好好的，结果突然收到父亲来信，让他回家为参加科举考试做准备。这段弃医从文的经历，史书上说得不太多，我们很难知道王勃当时的心情到底是怎样的。但不难想象，出生在这样的家族，求仕是他无法抗拒的宿命。

当时参加进士考试，最好是有名流推荐。于是，王勃回绛州老家一年后，就跟着父亲去了关中。这一年，也就是麟德元年（664），新上任的右相刘祥道巡行关内。王勃跟随父亲见到这个位高权重的新右相，并呈上一篇《上刘右相书》。这篇上书，写得文采飞扬，让刘右相连连赞叹王勃"真是个神童"。于是，刘右相很快推荐王勃参加科举。乾封元年（666），王勃进士及第。

这一年,他不过十六岁,多么春风得意。

然而,人生是分阶段的。当一个阶段的事情做完,开始思考下一个阶段时,人会陷入新的迷茫。一千三百多年前的王勃,就经历过这样的怅惘。

中进士以后,王勃被拜为朝散郎。朝散郎只是一个闲职,官很小。但是王勃期待自己能有更大的抱负,他不甘平庸。于是,他几次上书献赋,希望能引起上层注意,但都石沉大海,王勃的人生中再也没有一个像刘右相这样的人出现。

宫内传出消息说,唐高宗与武后所生的第二个儿子沛王李贤正在征选奇士。年轻的沛王意气风发,和其他皇族子弟不同,非常爱钻研学问。当时的沛王府中人才济济,学术氛围浓厚。王勃幸运地被征为沛王侍读。但此时的他还不知道,命运的伏笔埋在此后的一件小事中。

沛王府举办了一场斗鸡比赛,对战双方是高宗和武后的两个儿子——老二李贤和老三李显。为给比赛助兴,王勃写了一篇《檄英王鸡》。这篇文章,是用檄文这种文体写的。

檄文一般是军事战争爆发前的讨伐之文,比如骆宾王写的《为徐敬业讨武曌(zhào)檄》,就揭了武则天的老底。再往前,三国时期也有一个例子,陈琳写了一篇讨伐曹操的《为袁绍檄豫州》,曹操读完出了一身大汗,连头风病都给气好了。由此可见,檄文是很严肃的文字,是战斗性的文字。不谙世事的王勃将这种对立的文字，用在沛王、英王两兄弟之间。

沛王与英王的父亲唐高宗，经历过很多残酷的皇权内部斗争，所以他非常注重家庭的和谐。王勃终究年轻，体会不到这么深刻的政治密语。结果可想而知，他被视为言辞无度、离间诸王的小人，被逐出沛王府。这一年，王勃才十九岁。

命运给了王勃极大的讽刺。他曾经那么积极地献赋献策，希望自己获得重用，但是唐高宗、武后从没见过这些文字，而一篇游戏文字，竟然这么快就可以上达天听。命运忽然抽去"神童"向上攀爬的梯子，被皇帝否定过的人，当然前途渺茫。

总章二年（669）五月，被逐出沛王府的王勃决定离开长安，去观赏壮丽山河，排遣愁绪。他自长安启程，南游入蜀。用闻一多先生的话来说：曾经的宫廷诗人，此时从台阁走向塞漠，拥有了更广阔的视野和胸襟。

他沿途一直写诗，记录着每一处风光，写蜀地的奇峰、怒涛，也常写对朋友的思念。所有经历过的挫折在壮丽山河面前，在历史时空的缥缈面前，都是那么不值一提。

王勃在蜀地人文历史的熏陶下，展开对命运更为积极的反思。他不但没有失去对人生志向的追求，反而从旅行中获得滋养，受到自然的感召，拥有更为坚定的方向。在这里，他写过一篇《春思赋》，剖析自己的内心。他要在美好的自然春景面前，思考自己有限的生命该如何度过。

这趟两年多的旅行结束后，王勃前往虢（guó）州求补官职。虢州在弘农，也就是今天的河南省境内。王勃听说虢州有很多草药，就希望能去那里做一个小参军。草药被用来治疗身体的疾病与伤痛，而王勃的寻药，很可能是为了疗养自己的心理伤痛。

少年时代，他曾追随师父曹元学医，那段时光非常温馨。踏上科举之路后，少年不再是最初那个少年，而要被迫成为大人。此时的王勃确实成长起来了，他甚至有足够的力量去安慰宦游远方的友人。那首著名的《送杜少府之任蜀川》，就充满力量：

城阙辅三秦，风烟望五津。
与君离别意，同是宦游人。
海内存知己，天涯若比邻。
无为在歧路，儿女共沾巾。

王勃写这首诗的时候还不到二十岁。他要为杜少府去蜀川送行，这个地方勾起了王勃的回忆与深情，它见证了王勃在历经挫折后的重新振作，是他人生中的一场救赎，因此这是一场深情的相送。

蜀川，历代传抄本多误作蜀州。从诗里描绘的感觉来说，这更像是一个概称，也就是说，"城阙辅三秦，风烟望五津"形容的是整个蜀川，而非一州一县。况且蜀州是在王勃去世后建制的，自然对应不上。

王勃从蜀川的壮游经历中得到安慰，又以豪言壮语安慰友人：前面的风景很壮丽，不用忧虑，也不用畏惧。而且那里离京城很近，我们虽然离别，但在空间距离上并不算特别遥远。你并非孤单一人，因为在四海之内，你是有我这样的知己的。哪怕我们身在天涯，也仿佛近邻一般。

在送别之际，两位友人似乎都流泪了。王勃含泪带笑地开玩笑：咱们两个大男人哭成这样，真像小儿女似的，这就没必要嘛！他们的泪水中藏着至深的牵挂和难舍难分的诚挚友谊。

然而，送杜少府前往蜀川的王勃没有料到的是，后面还有一场更大的劫难在等待着他。

王勃任虢州参军期间，因为涉嫌杀死官奴，被判死刑，差点儿就问斩了。这个千古谜案，史书上没说得太清楚，有很多让人匪夷所思的地方。总之，杀了官奴的王勃原本是要抵命的。巧的是，刚好朝廷大赦，于是王勃死里逃生，只在牢房里关了一段时间就出狱了，但官肯定是没得做了。

出狱之后，王勃赋闲在家一年多。第二年，他终于决定走出低谷，开启人生中第二次重要旅行，前往交趾（今越南北部红河流域）看望父亲。

上元二年（675）秋，王勃从洛阳出发沿运河南下。他途经南昌时得到一张邀请函，邀请他前往滕王阁参加当地名流的聚会。就是在这场聚会上，他写下著名的《滕王阁序》：

豫章故郡，洪都新府。星分翼轸，地接衡庐。襟三江而带五湖，控蛮荆而引瓯越。物华天宝，龙光射牛斗之墟；人杰地灵，徐孺下陈蕃之榻。雄州雾列，俊采星驰。台隍枕夷夏之交，宾主尽东南之美。都督阎公之雅望，棨（qǐ）戟遥临；宇文新州之懿范，襜（chān）帷暂驻。十旬休假，胜友如云；千里逢迎，高朋满座。腾蛟起凤，孟学士之词宗；紫电青霜，王将军之武库。家君作宰，路出名区；童子何知，躬逢胜饯。

时维九月，序属三秋。潦（lǎo）水尽而寒潭清，烟光凝而暮山紫。俨骖䯀（cān fēi）于上路，访风景于崇阿；临帝子之长洲，得天人之旧馆。层峦耸翠，上出重霄；飞阁流丹，下临无地。鹤汀凫渚，穷岛屿之萦回；桂殿兰宫，即冈峦之体势。

披绣闼（tà），俯雕甍（méng），山原旷其盈视，川泽纡其骇瞩。闾阎扑地，钟鸣鼎食之家；舸舰弥津，青雀黄龙之舳（zhú）。云销雨霁，彩彻区明。落霞与孤鹜齐飞，秋水共长天一色。渔舟唱晚，响穷彭蠡（lǐ）之滨；雁阵惊寒，声断衡阳之浦。

遥襟甫畅，逸兴遄（chuán）飞。爽籁发而清风生，纤歌凝而白云遏。睢（suī）园绿竹，气凌彭泽之樽；邺水朱华，光照临川之笔。四美具，二难并。穷睇眄（dì miǎn）于中天，极娱游于暇日。天高地迥，觉宇宙之无穷；兴尽悲来，识盈虚之有数。望长安于日下，目吴会于云间。地势极而南溟深，天柱高而北辰远。关山难越，谁悲失路之人？萍水相逢，尽是他乡之客。怀帝阍（hūn）而不见，奉宣室以何年？

嗟乎！时运不齐，命途多舛。冯唐易老，李广难封。屈贾谊于长沙，非无圣主；窜梁鸿于海曲，岂乏明时？所赖君子见机，达人知命。老当益壮，宁移白首之心？穷且益坚，不坠青云之志。酌贪泉而觉爽，处涸辙以犹欢。北海虽赊，扶摇可接；东隅已逝，桑榆非晚。孟尝高洁，空余报国之情；阮籍猖狂，岂效穷途之哭？

勃，三尺微命，一介书生。无路请缨，等终军之弱冠；有怀投笔，慕宗悫（què）之长风。舍簪笏于百龄，奉晨昏于万里。非谢家之宝树，接孟氏之芳邻。他日趋庭，叨陪鲤对；今兹捧袂，喜托龙门。杨意不逢，抚凌云而自惜；钟期既遇，奏流水以何惭？

呜呼！胜地不常，盛筵难再，兰亭已矣，梓泽丘墟。临别赠言，幸承恩于伟饯；登高作赋，是所望于群公。敢竭鄙怀，恭疏短引，一言均赋，四韵俱成。请洒潘江，各倾陆海云尔。

滕王高阁临江渚，佩玉鸣鸾罢歌舞。
画栋朝飞南浦云，朱帘暮卷西山雨。
闲云潭影日悠悠，物换星移几度秋。
阁中帝子今何在？槛外长江空自流。

  《滕王阁序》是王勃在人生最低潮时写的文字。王勃很幸运，他看到的天空不是一无所有，有一只孤孤单单的小野鸭在追着灿烂的晚霞飞翔。当看到辽阔天空的时候，他对自己的路也就有了很多新思考。虽然《滕王阁序》因有着繁复的典故而出名，但其中的情感更值得我们去好好品味。因为文中那个历经挫折却不屈服，仍昂头望向辽阔天空的人，可能也是少年时代的我们。

  王勃是一个谦谦君子，他并非如后人说的那样浮躁浅露、恃才傲物，他是一个有傲骨但无傲气的人。在滕王阁的宴会上，没有一个人在才华或文学名声上能超过他，但他的言辞足够谦卑。他也足够深情，送朋友，他会说"海内存知己，天涯若比邻"；思念朋友，他会说"长江悲已滞，万里念将归"。而在《滕王阁序》的开篇，我们却只能看到王勃的拘谨，看不到什么深情。这说明王勃与这个场合有一种微妙的距离感，因为他有心事，他知道自己只是盛会上的一个过客而已。

  面对秋天的澄明之境，王勃人在宴会，心却早已不在了。他登上滕王阁，从高处看到天上的云霞、人间的烟火。这个画面还自带音效，远处有舟上的歌声、大雁的鸣叫，宴会上有排箫演奏的音乐、歌伎细柔的歌声……这些声音，仿佛一浪又一浪的水波，不断地涌起、远去，或者消失。优美、亲切、悲凉、苍茫。

王勃的心逐渐打开，他开始在悠悠历史长河中上下寻觅。此时，时间和空间是高度浓缩的，他的脑子里迅速闪过很多历史画面，他想到汉梁孝王在睢水旁修建的竹园，想到东晋末著名诗人陶渊明，想到一朵在曹植《公宴诗》里出现过的荷花，也想到谢灵运。

历史的天空群星闪耀，王勃借此来形容眼前的良辰美景。但是，当他背对繁华而喧闹的宴会，望向天空和宇宙的时候，他的空樽之愁就来了。天地那么大，宇宙那么大，自己的路到底在哪里？完美的事物不会持久，一切都会兴尽悲来。人活世上，如何面对悲欢离合、顺境逆境呢？

自己因卷入案件没了官职，还连累父亲被贬。他从过去那条还算得意的人生道路上彻底脱轨，且进退两难。人生道路上，每个人都是彼此的过客，大家像浮萍一样随机聚在一起，而后又分离；每个人都自顾自地赶路，谁会去真正同情一个失路的人呢？自己还能不能回到长安？能不能像贾谊一样，重新功成名就、获得荣耀呢？王勃再一次陷入茫然。

其实，望向宇宙和历史时，人是很难获得答案的。就像登高的陈子昂，"前不见古人，后不见来者"，他"怆然而涕下"，却还在被尘世生活困扰着。但王勃是少年，他心中有鸿鹄，执着寻找自己前行的力量和道路。他接受现实的道理：在辽阔的天地间、生生不息的历史长河里，自己是渺小的，三尺微命，一介书生。

王勃觉得命运有它的具体性和偶然性，像贾谊、梁鸿这些很有才华的人，虽生于盛世，逢遇明主，但他们的人生也充满坎坷。王勃长期研究《周易》，他很懂得"乐天知命，故不忧"的道理。以后的路，谁知道会遇上什么机会呢？路很难走，自己像干涸车辙里的鱼，但即便如此，也要保持心情欢畅；路也很长，目的地像北海那么远，但是乘着羊角旋风总能到达。

就像当代青年诗人骆一禾在《漫游时代》里说的："愿尽知世界，我只有扶额远游，对一生的虚掷无法考虑。"涸辙、穷途，这些都是逆境。人生真的很难，但是要保持勇气和快乐，不要空为已经流逝的时间叹息。早晨虽然已经过去，珍惜黄昏也为时不晚，不能像虚度日子、空怀报国之情的孟尝，更不能像穷途哭泣的阮籍，而要穷且益坚，不放弃自己的青云之志。

王勃决心要走一条全新的路。过去失败了，那么就承认这个失败。将来，一切还未可知，一切还可以重新创造。他看透命运的随机性，人与人之间，遇与不遇是很难说的。你或许能遇到知己，也或许遇不到。遇不到的时候，你会叹息；遇到的时候，就"奏流水以何惭"。一切顺其自然就好，因为能够将自己从逆境中拯救出来的人，只有自己。

在《滕王阁序》的结尾，王勃说："胜地不常，盛筵难再，兰亭已矣，梓泽丘墟。"他为什么说这些？是因为在看清自己的渺小以后，胸襟反而更大了。人生短暂，时间有限，眼前的繁华歌舞、画栋雕梁，最后都会不见踪影，只有长江会一直默默流淌。个人的得失成败，在苍茫的历史长河里又算得了什么呢？

王勃此时的精神空间，就像"落霞与孤鹜齐飞，秋水共长天一色"那样澄清、辽阔。孤鹜太渺小了，它只是一只小野鸭，不是什么大鹏展翅，它在辽阔的天空上，呈现的是"天地一沙鸥"之意境。它渺小、孤独、倔强，却要在晚霞中翱翔。此时此刻，尘世生涯里那些苦痛，已经不算什么了。

王勃乘着轻快的风，去了交趾，见到父亲。这番探亲结束后，他原本可以鼓足勇气，重启人生。遗憾的是，他在返程中不小心掉进南海，溺水受惊而死。初唐诗坛最明亮的一颗星，就这样沉入茫茫大海。

如果王勃没有死，他一定还会像当初离开蜀川时一样，在此后的人生中，成为一个更强大的自己；他一定会带着在滕王阁上的思考与希望，重返人生与事业的征途。

王勃的诗才，在他死后受到过一些争议。不过在几十年后，杜甫写下这样一首诗："王杨卢骆当时体，轻薄为文哂

(shěn)未休。尔曹身与名俱灭,不废江河万古流。"其中的"王",指的就是王勃。这首诗高度概括包括王勃在内的"初唐四杰"在文学史上的地位,为王勃的诗才正名。

二

幽州
陈子昂的登高怅望

万岁通天元年（696），武则天任命她的侄子建安王武攸宜为右武卫大将军，进兵契丹。军队刚到渔阳，也就是现在的天津市蓟（jì）州区，就传来前方部队溃败的消息。武攸宜是仗着自己外戚的身份才一路升迁上来的，并没有什么军事才能。这时候，他选择按兵不动。

当时，陈子昂在军中任参谋。看到武攸宜按兵不动，陈子昂坐不住了，他向武攸宜进谏，希望武攸宜允许自己领着一万人做先锋队袭击敌方。陈子昂很自信："让我去吧，胜利，是指日可待的事了。"

结果可想而知，武攸宜不同意。

武攸宜不同意的原因，一是不认可陈子昂的建议，他认为陈子昂只是一介书生，不懂领兵打仗，这个建议行不通；二是陈子昂太张狂，说话又难听，惹怒了武攸宜。

陈子昂是怎么说的呢？《旧唐书》和《新唐书》上都有记载，他说："部队的安危成败在此一举，大王您怎么能够如同儿戏一样，这样玩忽职守？"这还不算，他还举信陵君窃符救赵的例子来吓唬武攸宜："战国时期，魏国的大将晋鄙就是跟您现在一样按兵不动，结果被信陵君的属下朱亥用铁锤击杀。我很担心这事发生在您身上。"

这不光在说武攸宜蠢，简直就是要咒他死啊！听完这种话，恐怕任何一个领导都不会接受陈子昂的建议。

一开始，武攸宜还算有修养，就当陈子昂不过是个书生，没有接纳他的建议。可是陈子昂不依不饶，多次进谏，终于惹怒武攸宜，将他贬为军曹。

建功立业的抱负不得施展，陈子昂郁闷得不行。这一天，他闲来无事来到幽州，就是现在的北京市附近，此地是战国时期燕国的都城。他先后游览了蓟丘、轩辕台、黄金台这些历史遗迹，他想到燕昭王招揽天下贤才，中兴燕国的历史。《登幽州台歌》便是在这样的情况下写出来的：

前不见古人，后不见来者。
念天地之悠悠，独怆然而涕下！

"前不见古人"，陈子昂在幽州台上想到的古人是谁呢？

其实，在写下《登幽州台歌》的同时，陈子昂还写了七首咏古诗《蓟丘览古赠卢居士藏用七首》，送给他的朋友卢藏用。这七首诗歌，分别提到七位历史人物：黄帝、燕昭王、乐毅、燕太子丹、田光、邹衍、郭隗（wěi）。他们七位都与幽州这个地方有关，尤其是燕昭王招揽贤才复兴燕国的事迹，让陈子昂羡慕不已。

据《战国策·燕策》载，求贤若渴的燕昭王向一位叫作郭隗的名士请教如何延揽天下才俊。郭隗向他的君王讲了一个"千金买马骨"的故事——有位君主派他的宦官拿着千两黄金求购千里马，当宦官找到一匹千里马的时候，马已经死了。这位宦官用五百两黄金买下马骨带了回来。君主非常不解，宦官解释说："如果天下人知道您舍得用五百金买马骨，还愁得不到千里马吗？"果然，不到一年，人们便献来好多匹千里马。

郭隗对燕昭王说："请让我做您的马骨吧。"燕昭王便拜郭隗为师，为他筑造宫殿，也有种说法是筑了一座高台，并在上面放了千两黄金以招揽贤才，后人称之为"黄金台"。黄金台筑成之后，吸引了像乐毅、邹衍这样的贤人来投效燕国。在他们的辅佐下，燕国日渐强大，最终夺回被齐国占领的土地，攻克齐都临淄，拿下齐国七十余座城。燕昭王一雪前代之耻。

黄金台，就是陈子昂所说的幽州台。当陈子昂再来幽州的时候，他在《蓟丘览古赠卢居士藏用七首》里面怀念的七位历史名人，尤其是他仰慕的明君燕昭王，贤臣邹衍、郭隗，已经逝世九百多年了。因进谏被贬谪的陈子昂，多希望自己也能遇上燕昭王这样的明君。

"后不见来者"，想到过去之后，陈子昂又进一步想到将来。即便是后世还会出现燕昭王这样的明君，陈子昂有生之年恐怕不得相见了。此时的陈子昂已经快四十岁了，还没有成就任何事业，更无法跟乐毅、邹衍这样的古人相比。

如果说没有赶上过去的好时代、好机遇，只是生不逢时的悲哀而已，那么当他向未来看的时候，更是一种无边的悲凉。他觉得自己很大可能也不如优秀的后来者；自己想建立的功业，很大可能没有更多的时间、更好的机遇来达成；自己很可能也会被后人取代、超越。

陈子昂感到自己夹杂于古人和后来者之间，夹杂于过去与未来之间。过去的辉煌已消逝，古人不可复制；未来，他时日不多，机会渺茫。

"念天地之悠悠，独怆然而涕下。"先解释一个字：怆，是"悲伤"的意思。《说文解字》记述："怆，伤也。"

《登幽州台歌》的前两句是从时间上讲的，后两句是从空间上讲的。陈子昂的思绪从时间转向空间，他的视野穿越象征着历史概念、时间概念的幽州台，望向辽阔的天地、浩渺的宇宙。

他想到，即便是像燕昭王、乐毅这样能够建立一番宏图霸业、名留青史的人，也不过是浩瀚宇宙中的一粒尘埃。陈子昂独自站在幽州台上，发觉人类的渺小、生命的短暂，一种强烈的无力感油然而生。

《唐诗纪事》里记载了一则陈子昂"千金碎琴"的故事。

陈子昂初到京城时没有名气，不为人所知。有一天，他在街市上看到一个卖胡琴的人，要价百万，京城的有钱人争相传看，却不能辨别真伪。陈子昂突然站出来说自己要买下，并说自己擅长弹琴。众人请他弹奏一曲，他说自己明天会在宣阳里这个地方弹琴，请大家来观赏。

第二天，大家如期前来。陈子昂在琴前摆放酒菜，吃完之后，他捧着琴说："我是蜀人陈子昂，有诗文一百多轴，走遍京城，却没有人赏识我；弹奏乐器，那是乐工的下贱工作，我们怎么能够痴迷于这些东西呢？"说罢便将琴摔碎，将自己的诗文赠送给前来观看的人。一天的工夫，陈子昂的名声就传遍京城，他一下子就火了。

故事的真实性已经无从考证，却很符合陈子昂的性格。史书记载，陈子昂"性褊躁，轻财好施"，是个急性子，还有点儿固执，家庭也比较富裕，是个富家子弟，他少年时期喜欢打架、赌博。也就是说，陈子昂骨子里本来就不是一个文人，他更像一个侠客。

汉朝、唐朝是有一些这样的侠义之士的。李白就自称十五岁（虚岁）学剑术，还曾经杀过人，当然这有可能是在吹嘘自己。韦应物年轻的时候也是这样，喜欢打打杀杀，十四岁就当上唐玄宗的御前侍卫。而陈子昂直到十七岁才顿悟，入乡学读书。对他只有四十一年的生命来说，相当于在人生快要过半的时候才开始考虑转型。

他二十岁出川，赴洛阳参加进士考试，却未得到赏识。这时候的陈子昂对走仕途表现出极度的热衷，想尽一切办法来铺路，其中一个办法就是积极向朝廷上疏。后来他终于抓住一个机会，当时朝廷在议论唐高宗陵墓的事情，陈子昂也积极发表意见，并得到武则天的赏识。武则天赐给他一个职务，叫作麟台正字。后来，陈子昂又担任右拾遗，其间也是多次上疏。实际上，陈子昂的仕宦生涯始终是忠于武则天的，他还曾写过《大周受命颂》以谄媚武则天。

我们从陈子昂的生平事迹中可以看到，他一生想尽各种办法，希望能建功立业。然而，这样强烈的愿望，在武攸宜这里彻底破灭，这是一种人生已经没有任何可能的绝望，又从自身遭遇想到渺小的人类，陈子昂就更加绝望了。

写完《登幽州台歌》的第二年，绝望的陈子昂就以父亲病重为由，辞官回到四川的家中。陈子昂此时的身体并不是很好，或许与之前东征契丹时所受的压抑有关，史书上说，从那时候开始，"子昂多病，居职不乐"，后来也是带着病躯回到家中的。

回家后的第三年，也就是圣历三年（700），四十一岁的陈子昂去世。根据他生前挚友卢藏用在《陈子昂别传》的说法，陈子昂是被当地县令陷害而死的。也有人认为卢藏用说的不是真的，这背后或许是一场政治阴谋。

我们先来看看卢藏用在《陈子昂别传》中是怎么说的。

诗人陈子昂历经政坛挫折，看破功名红尘，只想归乡养父、隐居做学问，度过余生。因此东征契丹返京后，他便立即以侍奉父亲为理由,要求罢职归乡。女皇武则天很体贴优待他,允许他带官职薪俸归去。在故乡射洪,陈子昂盖起数十间茅屋,一边以种树采药为生,一边准备继承史家司马迁的编史遗志,编纂大部头史书《后史记》。大纲已经编就,他正准备安心写史,老父陈元敬却突然生病逝世。因此,陈子昂不得不停止一切编写,操办父亲丧事。他是个事父至孝之人,以致自己身瘦如柴,衰弱不堪,气息不及。县令段简乘机讹诈陈家钱财,给陈子昂强加无辜罪名,想要将其逮捕入狱。忙乱中的陈子昂,不得不交钱二十万。不承想段简贪欲不尽,犹觉不够,又几次强令差役把重病在身、心情哀毁的陈子昂强拉硬拽,绑入县狱严审。这时的陈子昂已经病危,"杖不能起",估计气数将尽,他卜卦自算,卦成命终之意,于是叹息仰号说:"这是天不佑我,命将终矣!"这一卦竟成真了。这年他四十一岁,终成短命之人。

  以上这段记载,是关于陈子昂死亡过程最详细、最全的史料记录。但是其中有很大的疑点:一个小小的县令,怎么敢得罪从都城返乡的陈子昂呢?陈子昂过去连武则天时代的酷吏周兴都不怕,怎么会恐惧段简,筹措高达二十万的贿赂呢?所以,近代历史学家岑仲勉先生认为,段简背后有更大的后台。

  然而,这种不可想象之事,它就是发生了。在唐朝,中央对川蜀的管理荒疏。陈子昂在武周时代就曾上书说:"蜀中诸州百姓所以逃亡者,实缘官人贪暴,不奉国法,典吏游容,因此侵渔。剥夺既深,人不堪命。"(《上蜀川安危事》)县令段简不就是这种贪婪暴虐的地方官吗?而且这个小县令竟然和当朝的大酷吏来俊臣还有关系,曾把自己的妻妾献给他。

在陈子昂返乡之前,段简与当地巨富陈子昂家族就已经有矛盾。因此,段简诬告陈子昂的父亲陈元敬,并且讹诈大量钱财,找他们的麻烦,应该是一场当地豪强之间的旧怨。

陈子昂虽然是京官返乡,但他根本没有受过重用。他郁郁回到家乡以后,这种贪暴妄为的官吏就开始欺凌他。而且,陈子昂的官阶最初不过正九品下的麟台正字,后来是大概从八品上的右拾遗,比普通县令要低,唐朝"诸州下县"的县令,官阶也在从七品下,比拾遗官高好几阶。在东征契丹的过程中,他和主师武攸宜的战略方针和作战方针意见不同,受到排挤,不被重用。这样的陈子昂并非一个政治上的强人,于是才会被段简如此欺凌,直至失去生命。

开启盛唐诗歌的一代文宗,就此孤独愤懑地陨落了。当陈子昂站在幽州台上,喊出自己的旷世孤独时,他想唤起的,正是对人才、豪杰的珍惜,是对时代命运的关切。他表达着自己的孤独和失望,但他又不忍绝望,因此,他将心底的声音喊出来,希望那幽州台上的风,把这样的声音送往远处。

多年以后,避乱的杜甫一路漂泊到蜀川,来到射洪县的武东山(在今四川省射洪市金华镇境内)下,步入陈子昂的旧居。担任过左拾遗一职而旋即被罢免的杜甫,在此遥想历史上这位命运同样充满波折的诗人，写下一首《陈拾遗故宅》，深情地怀念他、走近他：

拾遗平昔居，大屋尚修椽。
悠扬荒山日，惨澹故园烟。
位下曷（hé）足伤，所贵者圣贤。
有才继骚雅，哲匠不比肩。
公生扬马后，名与日月悬。
同游英俊人，多秉辅佐权。
彦昭超玉价，郭振起通泉。
到今素壁滑，洒翰银钩连。
盛事会一时，此堂岂千年。
终古立忠义，《感遇》有遗编。

杜甫给了陈子昂"名与日月悬"这么高的评价。要知道，上一次将一个人比作日月，还是司马迁歌颂屈原，说屈原"虽与日月争光可也"。

陈子昂的《感遇》组诗中，都在称慕古代圣贤。杜甫感慨他的言行，为世间诠释何为"忠义"。站在陈子昂故居的堂上，杜甫感慨，历史豪杰的盛会都止于一时而已，但是这座陈子昂的故居能存续千年，是因为大家都会记得《感遇》诗，这就是"立言"不朽的意义。

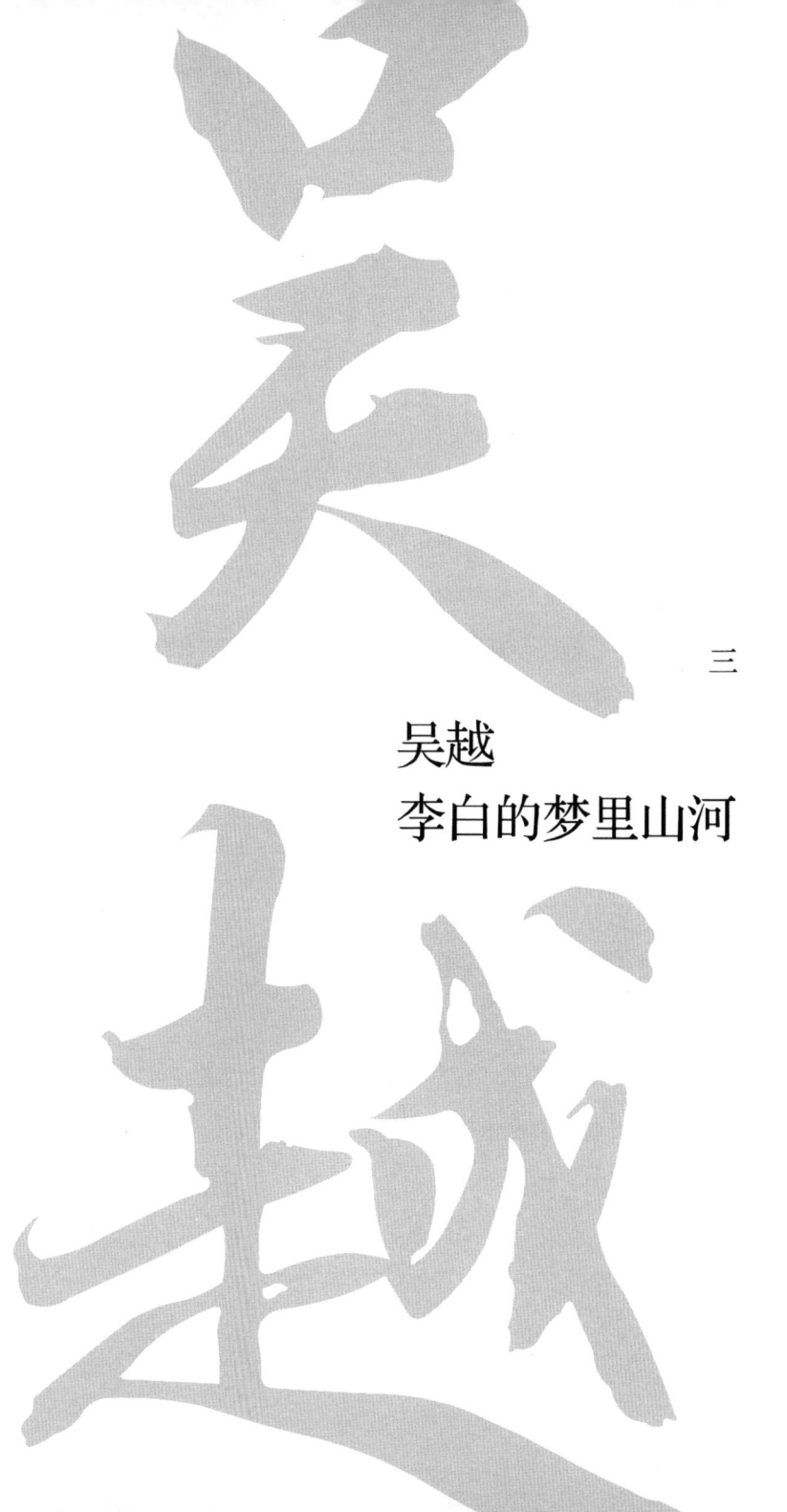

三

吴越
李白的梦里山河

天宝五载（746），李白做了一个梦，梦见自己来到天姥（mǔ）山。

在梦中，他飞了起来。飞到层山之巅，听到轰隆隆的瀑布声，看到成群结队的仙人。这么美的景色，李白沉浸在梦中，不愿意离开。可是所有的梦都要醒的，李白从梦中惊醒，面对冰凉的枕席，无比惆怅。

他不甘心，他要亲身前往梦中的天姥山。

天姥山在今天的浙江省绍兴市境内。次年春天，李白动身，这是他第三次前往天姥山。至德元年（756），他又第四次前往天姥山。

李白为什么对这个地方情有独钟呢？我们或许可以从《梦游天姥吟留别》中找到答案。这首诗中，李白肆意释放着自己无穷的想象力，妙笔生花，佳句层出不穷。而在梦境与现实的陡然反转中，他又狂放不羁地彰显自由的天性和不屈的灵魂。

海客谈瀛洲，烟涛微茫信难求；越人语天姥，云霞明灭或可睹。天姥连天向天横，势拔五岳掩赤城。天台四万八千丈，对此欲倒东南倾。

我欲因之梦吴越，一夜飞度镜湖月。湖月照我影，送我至剡（shàn）溪。谢公宿处今尚在，渌（lù）水荡漾清猿啼。脚著谢公屐，身登青云梯。半壁见海日，空中闻天鸡。千岩万转路不定，迷花倚石忽已暝。熊咆龙吟殷（yǐn）岩泉，栗深林兮惊层巅。云青青兮欲雨，水澹澹兮生烟。列缺霹雳，丘峦崩摧。洞天石扉，訇（hōng）然中开。青冥浩荡不见底，日月照耀金银台。霓为衣兮风为马，云之君兮纷纷而来下。虎鼓瑟兮鸾回车，仙之人兮列如麻。忽魂悸以魄动，恍惊起而长嗟。惟觉时之枕席，失向来之烟霞。

世间行乐亦如此，古来万事东流水。别君去兮何时还？且放白鹿青崖间，须行即骑访名山。安能摧眉折腰事权贵，使我不得开心颜？

或许李白有一种痴迷旅行的天性。他这辈子去过的地方真的太多了，因为他生在一个特别的时代。李白出生在长安元年（701），卒于宝应元年（762）。他这一生基本上对应的是唐朝最繁荣的时期。这个时期经济发达，交通相对便捷，很多人都向往着壮游、漫游。

"读万卷书,行万里路。"没有一个人可以随随便便成功,即便是天才李白也不例外。自二十三岁起,李白便离开故土蜀中(今四川省中部),开启他行走的、波澜壮阔的一生。大唐都城、市井阡陌、巍巍高山之巅、凄凄潭水深处,无不留下他潇洒而又孤独的身影。曾经的骄傲与梦想,落寞与无奈,万语千言,都倾泻在他一首首美妙绝伦的华彩诗篇中。

有学者研究,李白出生于西域的碎叶城(今吉尔吉斯斯坦境内)。四岁的时候,他的父亲带着全家沿着河西走廊,一路迁徙到蜀中,定居在昌隆境内(今四川省江油市一带)。有学者认为,可能是隋末的时候,李白家有人犯下罪行,因而举家迁谪到西域。在那里,他们家以经商为主要谋生手段。

李白父亲的名字存有争议,有人说他叫李客。其实"客"是一种通称,有客人、来客之意,用在李白及其家庭的身上,就展现出一种隐喻的意味。李白的家庭确实就是作为"客"转徙而来的。

李白的少年时代是在蜀中度过的。蜀中离长安不是很远,它像是长安的后花园。"初唐四杰"就都曾到过蜀中,并且记录下那里的繁华盛景。二十三岁的时候,李白离开蜀中,沿着长江的波浪,一路东行,奔赴他梦想中的"五岳"。此后,李白就再也没有回到过故乡。

李白最初的那笔旅行资金很可能就是他父亲提供的。他的父亲是商人，给了他不少钱。他在东南漫游的时候，说自己"散金三十余万"，这里的"三十余万"应该是指三十余万钱，不是三十余万金。唐朝货币不以黄金的重量为单位。李白这一路需要扶危济困，还要干谒很多名流，所以钱没多久就花光了。干谒，就是通过诗文或者其他社交方式，引起名流注意，获得他们的推荐。

唐朝非常看重门阀，即使李白的家庭较为富有，他也很难跻身上流——他的父亲是个商人，他也可能是罪臣的后代。李白受到许多来自出身的限制，比如，李白小时候在蜀中读的书，跟其他中原孩子读的书不一样。李白更熟于诵"六甲"，学习道家修仙之术。这是因为寻常的科举之路于李白而言是走不通的。不过，唐朝的社会环境非常优容，不具备科举资格或科举落第都没有关系。那个时代还存在一些为隐士与名流专门开辟的上升路径，比如"终南捷径"。失去科举路径的李白需要琢磨怎样依靠自身才华、与普通人不同的气质，去获得上层社会的认可。

首先他要走出蜀中。而走出蜀中，注定了李白这一生无法停止的漂泊。在李白的身上存在一些无法突破、无法掌控的现实，这些现实框住了他。在这样的时代，诗仙也有不自由的地方。

在他付出很多努力、经过漫长的等待之后，终于有了点儿收获。他曾两度前往长安，得到著名诗人贺知章的赏识。通过贺知章的介绍，李白认识了唐玄宗的胞妹玉真公主；又通过玉真公主的推荐，李白终于见到唐玄宗。

唐玄宗读了李白写的一些赋后，觉得这个人是有才华的，就把他留在自己身边，让他做翰林供奉。翰林供奉的主要职责并不严肃，有时候只须满足皇帝的文艺喜好，所以在唐玄宗的身边有很多精通一艺的翰林供奉。而李白，从天宝元年到天宝三载（742—744），就做着这样的工作。

坊间有很多关于李白的传说，都是基于李白这三年的宫廷经历延伸出来的，比如杨贵妃替他磨墨、杨国忠为他捧砚等。但这些都是不可信的，在宫中，李白还是需要遵守种种制度的。

在宫中的三年间，寒来暑往，李白对自己翰林供奉的身份逐渐感到空虚和迷茫。终于有一天，他被唐玄宗"赐金放还"，从后来李白漫游的过程来看，他得到的赐金并没有那么多。他在离开长安以后，先到洛阳，然后去了梁宋，最后来到东鲁。在东鲁的时候，他甚至已经穷到开始接受别人馈赠的衣物。

李白这一辈子，一共有过四段明确的感情生活。二十多岁，他从东南游历完毕，跟前朝宰相许圉（yǔ）师的孙女结婚了。许夫人为他生了两个孩子，女儿名为平阳，儿子名为伯禽。许夫人和李白的感情非常好，但她在开元二十八年（740）去世了。这个时候李白遇到了一位姓刘的女子，他和这位女子可能没有正式结婚。"赐金放还"以后，李白在东鲁又遇到一位女子，并且和她一起生活了一段时间。史书没有留下她的名字，只有一则记载称她为"东鲁妇人"。这位东鲁妇人为李白生下一个儿子，乳名叫颇黎。

李白的第四段感情生活，是在五十多岁的时候开启的，他娶了宗楚客的孙女宗氏。宗楚客在武则天时期当过宰相，是一个有名的谏相。李白的地位不够高，限制了他做许多事，所以他必须和名家之女结合。因此，不难看出李白的这一生，选择也好，漫游也好，其实始终在试图摆脱身上背负的阶级困境。

李白出生在这么好的一个时代，命运给他无限才华，同时也给他设置了一道无法逾越的壁垒。因此，在李白浪漫的想象和放达的旷然背后，总有一种难以排遣的苦闷。这种苦闷，是李白诗歌的底色。

天宝五载（746），李白已经四十六岁了，他写下《梦游天姥吟留别》——他的梦中景象。这首诗充满浪漫的玄想，但也充斥着挥之不去的苦闷底色。

在《梦游天姥吟留别》中，李白写了许多山，比如"五岳"、赤城。但是它们的气势都没有天姥山高。他还把天姥山和天台山放到一起比较。天台山也是李白去过的地方，它跟天姥山斜对着，在天姥山的东南方向。但是跟天姥山一对比，天台山就像是东南的凹地，可谓"对此欲倒东南倾"。

天台山拥有许多美丽的传说，比如著名的刘阮遇仙的故事。它也是著名道士司马承祯的修炼之地，司马承祯在唐朝被武则天、唐睿宗、唐玄宗都召见过，李白对他是心生敬意的；司马承祯在天台山得道，李白也对这里情有独钟。

出蜀的时候，李白想象过天台山云海之下的怪丽景象，并将漫游南岳和天台山定为自己的目标。年轻的李白来到天台山，在山上看层层的云海，想象云海之下有巨鳌之类的神奇动物。他也想象着自己能够飞翔于云海之上，摆脱在人生中遇到的种种束缚。

对于天姥山，李白的奇思妙想也没有消歇。他在《梦游天姥吟留别》中挥笔写下奇幻交织的景色。在梦中，李白就像飞起来一样，一夜之间来到"五岳"，飘过著名的剡溪，来到谢灵运住的地方。

谢灵运是南朝非常著名的山水诗人，也是一个非常苦闷的贵族后裔。刘禹锡在"旧时王谢堂前燕，飞入寻常百姓家"一句中提到的"谢"，就是谢灵运所在的谢氏家族。东晋时，谢氏家族地位非常高。到了南朝，谢家就不再那么显赫，谢灵运也被降爵，不被朝廷重用。于是他把所有的苦闷都挥洒到山水间。李白在这首诗中提到谢灵运，是因为谢灵运被称为"山水诗鼻祖"，他的旅行方式和谢灵运的山水游览方式别无二致。在这首诗中，"身登青云梯"这句诗还化用了谢灵运的"惜无同怀客，共登青云梯"。是什么意思呢？意思是说，我孤独地在山中旅行，不见与我拥有同样情怀的人。

在吴越的李白是如此自由，他还梦见自己看到层巅之上的海日。山巅之上有一棵非常大的仙桃树，它的枝丫能够向外延伸三千里。这棵树上有一只天鸡，天鸡叫过之后，全天下的鸡会跟着它一起鸣叫。

李白不全是靠天赋在写诗，他的诗句并不都是自己临时想出来的。他是一个很勤奋的人，而且善于化用前代诗歌。《唐诗纪事》说李白曾经三拟《文选》，此说法应该是可信的。《文选》是一部南朝的文集，由梁朝的昭明太子所编，一共收录七百多位文人的作品，在唐朝非常流行。唐朝诗人如果想要走诗赋取士的道路，就必须熟悉《文选》。

李白的诗文也能折射出《文选》的文化底蕴，包括这首《梦游天姥吟留别》。在这首诗中，李白写了许多与《楚辞》相似的诗句，用到许多"兮"字。可以看出，李白对《楚辞》也很熟悉。他在天空飞翔时的所见，与屈原在《离骚》中升天之后遇到的场景可谓异曲同工。

山中的路不断变换，花、石头、光影徘徊其上，云中颜色纷总离合。李白还给这一段仙幻奇景配上了音效。他说漫游在这里，好像听到虎、熊这些动物发出的咆哮声。"熊咆龙吟殷岩泉"，这些声音其实是山中的瀑布或泉水发出的轰鸣声。"殷"，在这里要读三声。在《诗经》当中有一段很著名的"殷其雷"，这里的"殷"就用以形容声音像雷声一样大。

当伫立山巅之上的李白感到战栗和惊恐之时，山洞的门扉打开,仙境出现了。在这个仙境中,有高不可测的天空,有仙人居住的金银台。仙人身着霓裳,乘风而起,纷纷而来,一些仙人坐着鸾鸟驾的车。仙人是如此多,他们就像麻竿一样排列得整整齐齐。

李白的梦是带有道教色彩的,这也象征着李白的人生追求,他就是要追求那些人间难以看到的景色。他想象自己始终驰骋于天外,因为只有乘青云直上,才能够放下人间的忧愁。可是,所有的梦都是要醒的。醒来以后的李白非常惆怅,想起自己"赐金放还"的往事。这个时候已经是天宝五载(746),两年过去了,他仍然记得这件事,因为他曾经的理想就是因此断灭的。李白在长安的时候,需要面对社会圈层中的种种排挤、倾轧,此后的日子里也频繁记录着长安。在离开长安的时候,他就曾经叹息过:"总为浮云能蔽日,长安不见使人愁。"后来也多次在诗歌中表达自己的惆怅。他曾经那么希望实现自己的功业梦想,可是终究不能够被所处的社会全然接受。

至德元年(756),李白第四次来到越中,这个时候他已经五十多岁了。年华老去,李白再也不会像九年前做《梦游天姥吟留别》之梦的时候,那样充满着生命的活力。如今的他质疑道教那些长生的幻想,他觉得人都要老去,长生是不可实现的。"诗仙"也是凡人,他给后人提供了仙境一般的想象,可是自己这一生,却始终在现实的泥沼中苦苦挣扎。

李白是唐朝最伟大的诗人之一,也注定是唐朝社会的异类。无论是他的出生地、他的出身，还是他一生中背负的理想，都可以充分证明他的特别。李白一生中所拥有的才华、所学到的知识、所追求理想的方式，也和寻常士人不尽相同。他身怀强烈的怀才不遇之感，拥有自己"客遇"的一生。他这一生，非常希望能够追求生命的鲜活与自由，可是恰恰是这样一个对自由无限向往的人，始终无法冲破周身如影随形的诸多禁锢。

李白经常想象自己能够在梦中飞起来，以俯瞰的姿态、自由的姿态饱览整片山河。但是在现实中，他只要张开翅膀，就一定会被击落。这是李白始终无法解决的人生难题，同时也提醒我们：我们需要欣赏李白对自由的强烈向往和无限追求，也需要理解他怀才不遇的苦闷。只有这样，我们才能知道李白不能停下脚步的因由，才能看到"诗仙"飘逸的步履之旁，浮动着人间微尘。

四

从长安到奉先
杜甫的成圣之路

天宝十四载（755）的一个冬夜，寒风肆虐，冬天的阴云压在长安大街的天空上。四十三岁的杜甫启程前往奉先县（今陕西省渭南市蒲城县），这是他妻儿当时的居处。此前，杜甫已经在长安待了将近十年，怎么这时候突然要离开了呢？再说，好好的一家人，怎么会分居两地呢？

一切都要从杜甫三十三岁那年说起。

天宝四载（745），杜甫结婚已经有几年了，他既要对自己的小家庭负责，也得对自己的人生负责。于是，他决定和李白道别，结束在东鲁访仙问道的漫游，准备参加科举考试。即便如此，杜甫在备考的时候，还是时常会想起李白。但他很清楚，李白的那种人生不属于自己。

可杜甫想不到的是，在他来长安的前一年，唐玄宗册立杨氏为贵妃，杨贵妃家族成员纷纷得势，包括臭名昭著的杨国忠。彼时奸相李林甫独揽朝政，整个社会早已在暗中发生了很大变化。

杜甫来长安的第二年，唐玄宗宣布要亲自组织一场特别的制举。这是由皇帝不定期组织的特殊科举考试，科目设置灵活且针对性强，只要通一艺就可以参加，杜甫也参加了。可是李林甫担心有人会在试卷里揭露自己的奸恶，就劝唐玄宗不用亲自主持考试；又在考试中设置障碍，让所有人都落第。最后还恬不知耻地上表祝贺说"野无遗贤"。这个操作实在匪夷所思。更匪夷所思的是，唐玄宗竟然相信了！因为他对这件事压根儿就不关心。这样一来，像杜甫这种普通士子，想通过科举入仕，那就更难了。

杜甫当时应该痛苦过、愤怒过，但最终，也只能像每个普通人面对逆境和灾难那样，选择接受。这是命运给杜甫的一次重创。因为这个时候，他的父亲已经离世一段时间了。失去经济支援，又无望通过科举入仕，杜甫全家在长安的日子一下子拮据起来。

于是，杜甫只能不断尝试其他入仕途径。为寻求被推荐的机会，他放下自尊，向京城的达官贵人们投诗，希望得到他们的赏识和引荐。于是他混迹在各种场合，非常卑微。但是，三四年过去了也没个结果。

他感到命运对自己的嘲讽，自己本来是一个有"致君尧舜上，再使风俗淳"志向的青年，现实却是"朝扣富儿门，暮随肥马尘。残杯与冷炙，到处潜悲辛"。杜甫白天骑着驴去敲富人的门，傍晚追着达官的马，不停转场。而且，自己并不被当作尊贵的客人招待，别人给他的食物只有残羹剩饭。

与此同时，他对社会矛盾的堆积、政治的黑暗感受很深切。他在给达官贵人的自荐信里有过大胆的控诉："破胆遭前政，阴谋独秉钧。微生沾忌刻，万事益酸辛。"

直到天宝十载（751），三十九岁的杜甫献上《三大礼赋》，才终于引起唐玄宗的注意，待制集贤院。这是杜甫人生的高光时刻，他以为自己的才能终于被发现了。但其实，杜甫只是获得了一个候选资格而已，他仍然需要原地等待，等待上面给自己一个官职。

这一等，又过去三年。杜甫越来越穷，以往那些达官贵人也逐渐疏远他。两个帮助过杜甫、让他被玄宗注意到的官员，因为一些政治斗争被远贬他乡。杜甫陷入极大的迷茫。

社会关系缺乏的同时，杜甫也承受着病痛带来的痛苦。杜甫得了疟疾，他一病就是三年，病情一度非常严重。当时，有一位叫王倚的朋友来看望病中的杜甫，还带了很多有益身体的食物。王倚自己并不富裕，他带来的东西不是赊的就是向富豪求来的，但总算凑了一顿有酒有肉的饭。王倚的这顿饭，给了杜甫很大的慰藉，杜甫写了一首诗来感念他，说"但使残年饱吃饭，只愿无事常相见"。王倚是杜甫落魄期间少有的愿意前来看望他的朋友。

天宝十三载（754）秋，长安发生水灾，连下六十多天雨。这场大雨持续很长时间，百姓家中跑出了鱼，苔藓也长到床边上。老百姓没有粮食吃,只能去买救济贫民的太仓米。领取救济粮的长队旁边,有几个孩童在水中玩得欢畅。杜甫便感慨"稚子无忧走风雨",即便面临风雨,孩子们依旧天真。

同年年底,杜甫决定把妻儿安顿到东北边的奉先县。因为灾害、疾病与贫穷,他在长安已经无法养活家人了。他的妻子杨氏,是司农少卿杨怡的女儿,有亲戚在奉先县当官。她与杜甫历经沉浮,感情深厚,两个人始终不离不弃,以至于后来杜甫说起自己的家事时,总会念及自己的妻子。在疾病与贫穷交织的生活里,杜甫看到比他生活更艰难的黎民。也是从这时候开始,杜甫的诗中出现对普通大众的哀痛。

天宝十四载(755),杜甫的病好多了。不久,吏部的消息也来了,他先被授予一个河西县尉的职务,但他拒绝了;又改授右卫率府兵曹参军,这是一个从八品下小官,好处是能待在长安,但这样的官职和一介布衣没有多大区别。

十年的奔忙,经历那么多是非酸楚,最后落得这么个结果。虽然并不如意,杜甫却只能选择接受。他决定,在任职前先去看看自己的妻子和儿女。于是,他踏上了通往奉先县的路。

《自京赴奉先县咏怀五百字》,是杜甫用十年长安的悲辛经历吟咏出来的长诗,也是杜甫人生与思想的一道分水岭:

杜陵有布衣,老大意转拙。许身一何愚,窃比稷（jì）与契。居然成濩（huò）落，白首甘契阔。盖棺事则已，此志常觊豁。穷年忧黎元，叹息肠内热。取笑同学翁，浩歌弥激烈。非无江海志，潇洒送日月。生逢尧舜君，不忍便永诀。当今廊庙具，构厦岂云缺。葵藿（huò）倾太阳，物性固莫夺。顾惟蝼蚁辈，但自求其穴。胡为慕大鲸，辄拟偃溟渤。以兹悟生理，独耻事干谒。兀兀遂至今，忍为尘埃没。终愧巢与由，未能易其节。沈饮聊自适，放歌颇愁绝。

岁暮百草零，疾风高冈裂。天衢阴峥嵘，客子中夜发。霜严衣带断，指直不得结。凌晨过骊山，御榻在嵽嵲（dié niè）。蚩尤塞寒空，蹴蹋崖谷滑。瑶池气郁律，羽林相摩戛。君臣留欢娱，乐动殷樛嶱（jiū kě）。赐浴皆长缨，与宴非短褐。彤庭所分帛，本自寒女出。鞭挞其夫家，聚敛贡城阙。圣人筐篚恩，实欲邦国活。臣如忽至理，君岂弃此物。多士盈朝廷，仁者宜战栗。况闻内金盘，尽在卫霍室。中堂舞神仙，烟雾散玉质。煖（xuān）客貂鼠裘，悲管逐清瑟。劝客驼蹄羹，霜橙压香橘。朱门酒肉臭，路有冻死骨。荣枯咫尺异，惆怅难再述。

北辕就泾渭，官渡又改辙。群冰从西下，极目高崒（zú）兀。疑是崆峒来，恐触天柱折。河梁幸未坼（chè），枝撑声窸窣。行旅相攀援，川广不可越。

老妻寄异县，十口隔风雪。谁能久不顾，庶往共饥渴。入门闻号咷，幼子饥已卒。吾宁舍一哀，里巷亦呜咽。所愧为人父，无食致夭折。岂知秋未登，贫窭（jù）有仓卒。生常免租税，名不隶征伐。抚迹犹酸辛，平人固骚屑。默思失业徒，因念远戍卒。忧端齐终南，澒洞（hòng tóng）不可掇。

这首诗分为三个部分。第一部分讲的是渺小的自己与宏大理想之间的矛盾。杜甫在诗中感叹，自己出身于名门，却落魄一生。他自嘲年纪越大，反而越来越"拙"。但即便困身于不达，杜甫这辈子给自己定的理想和目标，仍然是想要成为稷与契那样的名臣。他痴迷于此，执着于此。可现实是自己头发都白了，还在劳劳碌碌。但只要还没有到盖上棺材的那天，自己的志向就不会改变。诗中所说的"盖棺事则已"是源自《韩诗外传》的典故，孔子说过："学而不已，阖棺乃止。"借用这个典故，杜甫是在说，自己一年到头都忧虑着百姓，心急如焚。一个小小的书生，拥有这么多的社会烦恼，同辈的先生们都对自己冷嘲热讽。

他说，自己也曾与隐逸的思想交战，幻想过避世时日的潇洒无忧。可是，一旦遇到尧、舜一般的君王，他就不忍心离开。他想成为建构国家伟业的一块材料，这是自己的本性，就像葵叶、藿叶一样，始终要跟随太阳转。

杜甫感慨，蝼蚁这样渺小的生物，也在寻求自己的巢穴；大海里的鲸鱼生于海洋，激荡海浪。自己官职低卑，人微言轻，为什么不愿如常人般仅仅经营小家，过蝼蚁似的日子，却一直心存"鲸鱼游于海洋"这样的大志向呢？因为他不想像尘埃一样，隐没于这个世界。

四十三岁的杜甫很痛苦，他是如此不甘于平庸，却也不敢把自己心中所想的话全部说出来。他在失意的时候，也曾痛饮狂歌，心中的忧愁却无法断绝。客居长安十年，他对自己的境遇、国家与社会的真相，有非常深刻的理解。他"致君尧舜上，再使风俗淳"的理想，也并不是天生自带的，而是在无数次坎坷中积累而成的。

从长安到奉先，杜甫要路过温泉行宫所在的骊山。骊山在当时的昭应县（今陕西省西安市临潼区），唐玄宗每年都要带着杨贵妃和百官到此地过冬。岁暮，天寒地冻，百草凋零。从长安出来的路上一片阴森，天空中黑云峥嵘。霜雪落满全身，衣服带子也散开了，杜甫想给它系回去，但是手冻僵了，没法打结。快天亮的时候，杜甫路过骊山，此时他所经历的寒冷，与他设想的骊山上的富贵奢侈、温暖尊贵形成鲜明对比，可以说是"朱门酒肉臭，路有冻死骨"。

杜甫走在骊山脚下，他看到那山势高峻，想象在那高险之处，有皇帝的御榻。他在路上艰难地行走，穿过天空中寒冷的迷雾，攀登因为结霜而容易打滑的山壁。

此时此刻,骊山上那座温暖的华清宫,有手执武器的羽林军,温热的雾气在温泉上升腾。皇帝和大臣在那里通宵达旦地享乐,音乐声不绝于耳、响彻天宇。能够被赐浴华清池、参加皇帝宴会的,都不是普通老百姓。而讽刺的是,君王赏赐给这些人的丝织品,都是贫寒妇女夜以继日、一寸一寸织出来的;她们家中的男性,被鞭打绳捆;他们的财物被勒索、抢夺,聚敛于京城。杜甫想:朝廷不是挤满人才吗?他们当中那些人,但凡有点儿"仁"心,看到这些物品后,应该都会惶恐战栗吧。

杜甫不解,臣子有贤臣,也有奸臣,这是正常的。但君王怎么可以轻易忘记一切取自百姓的道理呢?而且,皇帝专用的金盘,都已经转移到外戚的厅堂。外戚得势的程度,可见一斑。

在这个宴饮场合,"中堂有神仙",有女子身着轻烟般的罗衣。客人们的保暖衣物是貂鼠皮袄;客人们的娱乐方式是听赏朱弦和玉管演奏的美妙乐章;客人们喝的是驼蹄羹汤,吃的是香橙、金橘。这些金贵、稀少的食材,不知要耗费多少人力和物力。

杜甫想到华清宫内的荒淫场面,不禁感叹:红色大门里住着豪族,他们厨房里囤积着大量的肉。肉都腐败了,发出臭味,无法食用。而路边却是饥寒交迫、在寒冷冬夜冻死的穷苦人。相隔咫尺,便是苦乐、荣枯不同的两种世界。人间的不平事,让人心中唯有愤懑,哽咽难言。

这些场景并非杜甫经过骊山时的亲眼所见,而是他的虚想。但长达十年的客居长安经历,让他预感到危机即将爆发。此时,远在范阳的安禄山正在准备起兵谋反,这个危及大唐存亡的消息,会在不久之后传到骊山。杜甫所写的这些话,全是盛世里的危言,非常具有预判性。

杜甫这一路,要经过京兆万年(今陕西省西安市),渡浐水,东至昭应县。杜甫现在已经走到骊山,继续往前走,渡过泾河、渭河,再往北就是奉先县。但是,等杜甫赶到泾、渭河边,两河合流处官设的渡口已经改道了。

他行走在寒风与霜雪之中,脚下的道路走得异常艰难。河水冲击着巨大的冰块,波翻浪涌,像起伏的山岭,高接西天。这些带着冰块的水流,仿佛是从崆峒山飘来的,像是要把天柱撞断。此时,河上的桥梁已经处在毁坏的边缘,桥柱子"吱吱呀呀",摇晃震荡。河面很宽,走在路上的旅人们,只能冒着巨大的危险,互相牵挽着手过桥。这种景象,是为了烘托旅途奔波之苦,也是国家政治形势危急的象征。杜甫经历种种危险,可是念及寄身在异地的妻子,只能继续往前。家人在这风雪之中遥望着自己,杜甫不忍和他们长久分别。

第二天到家时,杜甫得知,自己的孩子活活饿死了。明明昨夜的自己,还在悲悯路上冻死的百姓。有时世事就是如此,悲剧之后还是悲剧,仿佛脱离所有慈悲。

杜甫心中有愧疚。作为父亲，他愧疚于未被养活的孩子。这个时候已经过了农收的季节，可是由于极度贫困，家中没有足够的粮食，孩子还是走向死亡的结局。此时的杜甫无法强忍胸中的悲痛。他说，即使我能够自我宽慰，割舍这番哀痛，但邻居们也都会因为类似事情伤心呜咽。谁能控制得住呢？

面对发生在自己身上的辛酸悲剧，杜甫想到的是世间普通人所面对的更大的悲凉。天宝末年，租税繁重，劳役极多，普通百姓生存得非常艰难。杜甫想，自己是享受特权、不用交税和服役的士大夫，可是生活仍然如此艰辛，那些地位不如自己的平民，又该如何存活？

这就是杜甫的伟大之处，即便处于黑暗的深渊，他所关照的，也永远不可能只有自己。他的忧虑，出于时事，堆积得像终南山那么高，如此沉重，无法被掇去。杜甫是一个真正的仁者。仁者爱人，是他的思维惯性。

写完《自京赴奉先县咏怀五百字》这首诗不到十天，安史之乱爆发，杜甫"恐触天柱折"的担忧成了事实。这趟从长安到奉先的旅程，既是杜甫人生的转折，也是时代剧变的征兆。

在中国古代，并不是所有士大夫都怀抱着对人民的巨大悲悯，也不是所有贵族都愿意揭露社会现实。而杜甫，能将社会矛盾的根源追溯到皇帝，可见其胆识和勇气。

客居长安十年，杜甫尝尽世态炎凉。在人生的困境中，他看到自己的渺小和无力。但他并没有因此看轻自己，他仍关心国家命运，批判社会的不公与黑暗。他从自己的遭遇去反观世界，看到的是比自己还要悲苦、渺小和无力的人。他将自己全部的悲悯都交给这个世界。这是杜甫作为生命个体在这个世界上存续的目的。

离开长安的杜甫，从个人的世界里解脱，逐渐走进一种"圣人无我"的境界。从长安到奉先，是杜甫的成圣之路。如果杜甫只是想着利己，他最终只会成为那个时代里没有出路、对社会抱有愤怒和怨恨的人，成为一个不断感叹自己怀才不遇的人。可是，杜甫并非如此。他站在人生的谷底，在命运给他逆境的时候，他的眼睛没有回避，也没有闭上，而是直视黑暗。

杜甫是"诗圣"，可"诗圣"也是普通人。他和普通人一样，拥有世俗的困惑、迷茫的人生和现实的挣扎。但他最终走出自我的怨愤，走出对个人前途命运的迷失，转向关怀他人。这是杜甫成为"诗圣"的开始，也是杜甫成圣的原因。

杜甫的成圣之路，是一条走向他人、通往广博的路。杜甫成圣的境界，是一种完全利他的无功利境界，一种"无我"的境界。杜甫的成圣，意味着精神的救赎，也意味着连筋带骨地锤炼人格。成圣，是杜甫唯一的选择。面对破败的山河，他永远不允许自己转身。

五

潮州
韩愈的骨鲠一生

元和十四年（819），已经五十一岁的韩愈因为向皇帝上了《谏迎佛骨表》，被贬潮州。

所谓佛骨，就是指释迦牟尼圆寂火化后的一块舍利子。当时法门寺内有一座佛塔，塔内藏有一块佛脚趾骨的舍利子，每三十年开塔一次，以便人们瞻仰。这一年正值开塔，唐宪宗就想让人手持香花、举行仪式，将佛骨迎到长安来供奉三天。这个命令一出，长安城内那些信佛的王公和百姓纷纷要出钱来供养，那些没钱的狂热信徒就要用焚烧头顶和手臂等极端方式来供养佛骨。

韩愈是一个奉行儒家思想的士大夫，一向提倡文以载道，力斥佛、道祸国。他看到这种情况，就给唐宪宗写了封上奏——《谏迎佛骨表》。这封上表，除了说明痴迷于佛教的危害，还说了很多言辞激烈的话，比如"皇上您看，哪个哪个皇帝虔诚信佛，反而死得很早"这种话。唐宪宗当时的身体本来就不好，这才希望迎佛骨来祈福，结果韩愈偏要提那些信佛的短命皇帝。于是唐宪宗非常生气，甚至要杀韩愈。虽说谏官本来是不能杀的，但他无比震怒，非杀韩愈不可。

这时候，很多大臣出来劝说，连平日被韩愈驳斥过的官员都来为他说情。唐宪宗也就平静下来，想了想：行，不杀，那就去潮州吧。唐朝时，岭南的野兽多得很，还有瘴气。中原人是很难适应那个环境的，就算不死，也要落得个半死的下场。

命令来得太快，韩愈只好匆忙出发。出发的这一天是正月十四，年都没有过完，他辞别家人后就匆匆上道了。此时的他已然衰老，牙齿脱落，冒着冬春两季之间的严寒，要走几千里路。《左迁至蓝关示侄孙湘》就是在此时写就的：

一封朝奏九重天，夕贬潮州路八千。
欲为圣明除弊事，肯将衰朽惜残年！
云横秦岭家何在？雪拥蓝关马不前。
知汝远来应有意，好收吾骨瘴江边。

韩愈从来不觉得自己反对迎佛骨是错的，直到走到蓝关、看到侄孙韩湘的时候，他心里还是硬气着，因此说道："欲为圣明除弊事，肯将衰朽惜残年！"他这种骨鲠人格的形成，与其一生的经历有关。

韩愈生于大历三年（768），死于长庆四年（824），终年五十六岁。他是河南河阳（今河南省孟州市南）人，自谓"郡望昌黎"（今辽宁省锦州市义县），所以世称"韩昌黎"。韩愈出生的时候，李白已经死了六年，杜甫五十六岁，孟郊十七岁。韩愈四岁的时候，刘禹锡、白居易、李绅等唐朝著名诗人相继出生，柳宗元比他小五岁。

韩愈生活的中唐时期，政治局势很动荡。韩愈人生的五十六年间就经历了五任皇帝。其中，唐宪宗时期朝廷重新控制了藩镇，被称为"元和中兴"。

韩愈的父亲当过县令和秘书郎，品阶不算高，在韩愈两岁的时候就去世了。韩愈有两个哥哥，大哥韩会比他大了约三十岁，韩愈是被哥哥抚养成人的。七岁那年，他跟着哥哥移居长安，读书启蒙，一天能写好几千字。到韩愈九岁的时候，大哥韩会受一桩大案的牵连，被贬谪到韶州（今广东省韶关市）做刺史，韩愈也就跟着哥哥去了韶州。岭南瘴疠之地确实不好生存，大哥韩会到任韶州三年后便去世了，年仅四十一岁。

十二岁的韩愈，没了父亲，没了长兄，跟着寡嫂郑鞠之回河阳原籍安葬兄长。之后寡嫂为了避乱，带着一家人去了江南的宣州居住。这时候社会非常乱，因此，韩愈在成长的过程中，见过太多的百姓疾苦，他对苍生之爱、对社会强烈的责任感，在少年时代就开始萌芽了。

韩愈一大家子在乱世的生活非常艰难。他很懂事，每日刻苦勤学，立志将来要有出息。寡嫂也觉得韩家未来的希望就在这个小弟身上。在家里待到十八岁时，韩愈怎么也不肯再拖累家里了,只身一人前往长安,要去考科举。可是,他原本要投奔的一个族兄,死在了战争中。年轻的韩愈在长安,生计窘迫,熬到快要饿昏的时候,竟去拦住北平王马燧(suì)的马,请求他的帮助。马燧看着这个饿得面黄肌瘦的年轻人似乎有些学问,就请他到安邑里的府中,做他两个儿子的家庭教师。韩愈对此非常感激。

从十九岁到二十四岁,韩愈先后多次参加进士考试,好不容易才考中进士。在唐朝,考中进士之后,还需要通过吏部的铨选,只有这样才能有官做。可是,韩愈在吏部的博学宏词科考试中屡次失败。他空有一个进士身份,却无法获得官职。这些年,韩愈过得非常煎熬。他也曾试图学别人去干谒,但这种社交方式实在是不适合他。他不懂社交话术,把那些马屁诗写得非常露骨。这也是后来韩愈颇为人诟病的地方。这期间,曾抚养他的寡嫂郑氏去世,韩愈返回河阳老家,为她守丧五个月。

频繁的挫折中,韩愈经历了常人难以想象的困顿。所以他后来倡导文章要"不平则鸣",同时他也相信"穷苦之言易好"。因为自己求学、入仕的经历非常曲折,所以韩愈对天下那些有着同样遭遇的人充满理解和同情,不吝伸出援手。比如,他就曾经为无法参加进士考试的李贺仗义执言。而韩愈最好的朋友之一是寒士孟郊——他的朋友多是这类人,不是那些达官显贵。

韩愈最为突出的特质是他的正义感。这种正义感，是他敢上表皇帝、触怒龙颜的关键原因。敢撑皇帝的韩愈，在生活中撑过贪官、撑过悍将、撑过乱臣贼子。可以说，韩愈是一根肠子通到底，完全不会拐弯。

贞元十九年（803），三十五岁的韩愈升任监察御史。当时关中大旱，灾民流离失所，到处都是饿死的人。但是，京兆尹李实封锁消息，还谎称关中丰收，百姓安居乐业。韩愈极为愤怒，写下《御史台上论天旱人饥状》。他因此得罪了李实，也反被他诬告谗害。因为骨鲠直言，韩愈一夜之间从监察御史被贬为连州（今广东省连州市、连山壮族瑶族自治县、阳山县一带）的阳山县令。

元和五年（810），韩愈因严惩不法军人而触怒了留守郑余庆，又被降授河南县令。当时，魏、郓（yùn）、幽、镇四藩镇各设留守藩邸，暗中蓄养士兵，并窝藏逃犯，这其实就是预备叛乱、意图不轨。韩愈的严惩让留守官员被迫停手，但也给自己带来贬官这一严厉处罚。

韩愈就是这样的性格，遇到不公、不正确的事情，他就要仗义执言。所以元和十四年（819），看到皇帝迎佛骨，韩愈立马站出来。虽然韩愈并不后悔自己反对"迎佛骨"的谏诤，但是唐宪宗将他贬谪到岭南，这场比死罪稍微轻一点儿的处罚，对于五十一岁的韩愈来说真的是太重了。

前往潮州的途中，韩愈想，自己是一个被赶出长安、失去家的人。五十岁那年，漂泊一生的自己终于在长安买了房子，可是没住多久，这就被贬得远远的了。自己现在成了无家之人，将要去哪里重新安家呢？自己已经进入衰朽残年，也不知道以后还能不能活着回到长安。

这个时候，韩愈还不知道，自己的家人、仆侍也被赶出京城，正在身后追随他的步履。正在病中的四女儿韩挐（ná）也被这次贬谪连累，踏上天寒地冻的南下之旅。最后，她病死在追赶父亲的路上，在商南县的层峰驿被草草葬于路侧。据说韩愈到潮州以后，才得知女儿去世的消息。

韩愈没能跟女儿见上最后一面。第二年韩愈遇赦北归，看到自己女儿的小坟，泪如雨下，在《去岁自刑部侍郎以罪贬潮州刺史乘驿赴任》一诗中道尽愧悔。当女儿抱病上路、匆匆南迁的时候，当女儿惊惧惶恐、一病不起的时候，当女儿命丧驿站、埋葬荒山的时候，作为父亲的韩愈却不在她的身边，甚至女儿的悲惨遭遇，直接起因就是韩愈直谏遭贬。韩愈为他的坚持排佛付出了惨痛代价。

韩愈此时会后悔吗？当唐宪宗要迎佛骨的时候，韩愈可以明哲保身，完全可以对这种荒唐之举不闻不问、装聋作哑。这样的话，女儿就能好好在家养病，还能得到父亲的关怀照料，怎么可能在十二岁（虚岁）就夭折呢？但是，韩愈是一个直臣，他对涉及社会大是大非的问题不肯退让。儒家的理想和责任感在他身上展现得淋漓尽致。只是作为一个父亲，韩愈永远亏欠女儿，这份亏欠无从弥补。

韩挐去世四年后，韩愈让人将她的遗骸归葬河阳韩氏祖茔，并作《祭女挐子文》。这篇祭文，可谓声泪俱下，道尽韩愈无限的痛悔。韩愈想象着自己病弱的女儿被扶上车子，冒着冰雪严寒上路，不得休息，不能饮食，忍饥挨饿。其中一些自责的话，是哀号着说出来的："死于穷山，实非其命。不免水火，父母之罪。使汝至此，岂不缘我？"韩挐归葬河阳一年后，韩愈病逝于长安。当他们父女二人在黄泉下相见时，会说些什么呢？应该会泪流不止吧。

唐朝人眼中的岭南，绝不是一个像苏轼眼中"日啖荔支三百颗，不辞长作岭南人"那么好的地方。长安与岭南，语言不通，饮食习惯区别极大，岭南还有野兽的威胁，最可怕的还是瘴气。唐朝人认为岭南是一个"愁冲毒雾逢蛇草，畏落沙虫避燕泥"（李德裕《谪岭南道中作》）的地方。基于这些对岭南的认知，韩愈已经做好死在岭南的打算了。

走到韶州的时候，韩愈想起童年往事。少年时代，他的哥哥受宰相元载牵连，被贬为韶州刺史，所以他也在这里住过好几年。四十年过去，兄嫂均已作古。当年全家百口人一起南行，而今仅孤身独在。除了自己，再无人想起往事，这种悲戚感是无法言表的。

经历绝望之后，韩愈尝试重新点燃希望。南行近两月，终于翻过五岭，经过曲江泷水时，他写了著名的《泷吏》。这是一首寓言诗,是写给皇帝看的,表达了自己的悔恨,想向皇帝请求宽宥。这个时候,韩愈确实调整了心态。在他看来,潮州风土险恶,一切事在人为,没有什么过不去的坎。从被贬怨愤,到思考自己的过失,韩愈在不幸中体悟到人生的道理。

从元月十四日离开长安,到三月二十五日到任,韩愈在路上凡七十一日。韩愈在潮州,先是很努力地适应当地的饮食和气候,写了一首《初南食贻元十八协律》。这首诗里的鲎(hòu)、蒲鱼、虾蟆(蛤蟆)、牡蛎等,都是他不认识的动物,只有蛇是认识的。但是韩愈觉得蛇有灵性,干脆放生了。这条被放生的蛇,出笼子的时候还回头看了他一眼。韩愈在潮州,只能吃牡蛎等海鲜,一边吃一边满脸流汗。对于中原人来说,这些食物实在是太腥臊,他放了很多调料,都觉得无济于事。

这时候柳宗元贬谪在柳州,正在适应柳州的饮食,吃起了蛤蟆。有个朋友就向韩愈转了一首柳宗元写的《食虾蟆》(今不存),韩愈奉和,说自己对蛤蟆向来无好感。它们跳又跳不高,叫声更令人心烦,但将其作为食物,最初难以下咽,其后则"近亦能稍稍""甘食比豢豹",确实妙不可言。

唐时地方守官的职责,一是狱讼,二是赋税,做好这两件事,工作就能过得去。但是,韩愈是不满足的,他想真正解决老百姓渴望快速解决的实际问题。潮州靠海,有台风,有鳄鱼。韩愈到任,要面临这样的自然灾害问题。他在潮州,服从当地祭祀众神的习俗,举办了一场驱逐鳄鱼的仪式,写了一篇

《祭鳄鱼文》，把羊、猪扔到那些有鳄鱼的地方。据说这个仪式和这篇祭文非常奏效，鳄鱼们当晚就决定集体迁徙，远离潮州。这大概是对韩愈德政的神化。

在潮州，韩愈最重要的举措是积极办学，他鼓励地方乡绅集资，自己也捐钱为学生提供餐饮，又推荐当地秀才赵德主持州学，督课生徒。赵德没有辜负韩愈所托，后来编选韩愈诗文集成《昌黎文录》，这本书到现在还有辑校本。潮州，这个连朝廷也不怎么关心的荒野之地，因为有了韩愈，从此有了德教文化。这是韩愈对潮州最大的贡献。韩愈在潮州仅七个月，但他为潮州做的一切，成为当地人们的永久记忆，永远被人们感念。如今的潮州，到处都是和韩愈有关的山川景物，祠叫"韩文公祠"，山叫"韩山"，水叫"韩江"，树叫"韩木"，连妇女的蒙头布也取名叫"文公帕"，那么多人在潮州当过官，都被淡忘了，只有韩愈深深刻印在百姓的心中。

从最初离开长安时的仓皇绝望，到克服绝望、干出实事，韩愈的骨鲠性格，让人敬畏。过了一段时间，唐宪宗意欲重新起用韩愈。辗转几个地方的韩愈，于元和十五年（820）冬季回到长安。

长庆元年（821），韩愈转任兵部侍郎，他人生中新的挑战又来了。当时镇州（今河北省石家庄市正定县）兵变，叛乱头子王廷凑杀了节度使，还包围了深州（今河北省衡水市），和朝廷说自己要接管这个地方。朝廷对此惊惧不已，不但赦免了他,还派韩愈作为宣慰使,前往镇州。韩愈出发的时候,百官都为他的安全担忧,唐穆宗也后悔了。但是,韩愈视死如归,对朝廷忠贞如一,对此事无所畏惧。当时,王廷凑的将士对韩愈拔刀开弓,韩愈和这群武夫唇枪舌剑几个回合。王廷凑见状竟然心服,还和韩愈喝起酒,并且放弃了对深州的包围,神策六军的将领牛元翼得以冲出重围。深州之行后,韩愈骨鲠的名声更大了。

长庆三年(823),韩愈升任京兆尹和御史大夫,神策军将士闻讯后,都不敢犯法,私下里相互说:"这人连佛骨都敢烧,我们怎么敢犯法!"

韩愈勤勉了一辈子,他在所有担任过的职务上都很有建树。他为人正直,文章宣扬的也是正道。后来,苏轼评价他为"文起八代之衰,而道济天下之溺"。这个评价是切实的,韩愈以骨鲠的人格发刚直之言,行刚正之事,以浩然之气灌注文章,起复衰落了八个朝代的文道,挽救沉溺堕落的世风。

六

永州
柳宗元的溪居哲思

柳宗元出身高门大族，二十岁就金榜题名，也曾和孟郊一样"一日看尽长安花"；新皇登基，他加入声名显赫的政治革新集团，更是"春风得意马蹄疾"。然而，革新旋即失败，三十二岁的柳宗元被贬永州，仕途前景暗淡无光，仿佛被抛掷到天涯海角，过起与世隔绝的孤清生活。

大历八年（773），柳宗元出生于长安，是"河东柳氏"的后裔。柳这个姓，在北朝时期就是高门大姓。到了唐朝，这个家族的地位也很高。唐高宗的原配王皇后的外婆就是河东柳氏人。王皇后的舅父柳氏曾经担任要职，到了武则天一朝，柳氏不断受到打压排挤，地位逐渐衰落。柳宗元的父亲柳镇只能算是一个底层官员，不过柳家家底还不错，柳宗元也受到很好的教育。他在少年时代曾经跟随父亲游历过很多地方，见了不少世面。

贞元九年（793），二十岁的柳宗元进士及第，与比他只大一岁的刘禹锡同一年登科。刘、柳二人这个年纪，正是怀抱赤子之心的年纪，二人缔结了深厚的友谊，并持续了一生。

不久，父亲柳镇过世，柳宗元只得守制三年，不得去地方幕府任职。服丧期满之后，柳宗元与杨凭的女儿结婚。贞元十四年（798），二十五岁的柳宗元正式入仕，授集贤殿书院正字。

贞元二十一年（805），唐顺宗登基。他想革除父亲唐德宗在位时的一些弊政，削减宦官的权力，控制藩镇割据日益深化的局面。于是，他任用王叔文等人发起一场改革，史称"永贞革新"。柳宗元和刘禹锡也加入这支改革的队伍。

但是，一百四十多天后，唐顺宗被迫退位，改革也失败了。

政治风云变幻，许多人命运陡转。新皇帝唐宪宗即位，随即将这支改革小队悉数罢黜，柳宗元、刘禹锡自然也在惩处之列。这就是历史上著名的"二王八司马事件"。"二王"是指王叔文和王伾（pī）；其他八个参加改革的人都被贬为"司马"。刘禹锡被贬为朗州司马；柳宗元被一贬再贬，成了永州司马。朗州和永州，都是当时的蛮荒之地。而且，朝廷还给他们的处罚命令上加了一个大封条："纵逢恩赦，不在量移之限。"就是说，皇帝要把他们永远禁锢在贬谪之地，永远都不会再起用他们了。

元和元年（806），柳宗元和刘禹锡的人生发生了极大变化。永贞革新的结果对于柳宗元、刘禹锡这样的政治新星而言是惨烈的，他们本是渴望有所作为的青年才俊，但转眼间就直接触达命运的谷底。

来到永州的第一年最难熬。一年之内，柳宗元的人生仿佛从巅峰跌落到谷底。我们可以对比一下柳宗元所居住的长安和永州：长安是他的家乡，是成就人生理想的所在；而永州，是一个陌生之地，是虫蛇横行的荒蛮之地，是世界的边缘，瘴疬弥漫，人烟稀少。在长安，他曾是出入宫廷的青年才俊；在永州，他却成了一个位列囚籍的罪臣。到永州不久，柳宗元就患病了。在恶劣的环境下，柳宗元的身体越来越差，读书、写作一度都变得很困难。

生活的艰难还是其次，社会关系的完全隔绝才是真正的挑战。初到永州的几年里，他试图联系长安的故交寻求平反，因为他并不认为自己是有罪之人。但在长安那边，真正敢跟他联系的人是极少的。他和刘禹锡都背负了这次革新运动带来的诽谤、非议和歧视，在精神上遭受了很多折磨。几年后，他自己也绝望地说"甘终为永州民"了。令人欣慰的是，他和刘禹锡等旧友一直保持着通信。

虽然才三十多岁，但柳宗元的至亲相继离开了他。妻子杨氏，在他二十六岁时就去世了，他此后再也没有正式续弦。最让他悲痛的是，他年近七十的母亲卢氏，因为水土不服，来到永州半年后就染病身亡。卢氏三十几岁才生了他这个独子，五十余岁就丧夫孀居，此后一直与柳宗元生活在一起。如今，因为仕途沉浮而累及母亲，这让柳宗元无比愧疚。碍于罪臣身份,柳宗元还不能扶灵北归。过了几年,他在长安的祖宅也被变卖,他成了真正意义上的无家可归之人。此时他的心境是"去国魂已游,怀人泪空垂"。

数月之前,柳宗元还在意气风发地推行改革。如今,亲人离去,故交零落,自己被囚禁在永州的荒山野岭之中。没过几年,柳宗元的身体就逐渐变差,在与父亲生前的朋友京兆尹许孟容的通信中,他诉说自己来永州后得了好多种病,不仅腹内有胀气,还寒热交替、打摆子、没有精神、十分健忘。这些症状,或许是中了南方的瘴气的表现。

可以说,整个永州,与柳宗元在《江雪》中勾画出的世界是一样的:

千山鸟飞绝,万径人踪灭。
孤舟蓑笠翁,独钓寒江雪。

"千山鸟飞绝,万径人踪灭"这两句诗,既是实写眼前的雪景,也是虚写柳宗元心中的永州。它们都是肃杀的,是被隔绝的、被遗弃的世界的角落。然而,就在这人生绝境之中,柳宗元经营着自己的生活空间,也经营着自己的精神空间。"孤舟蓑笠翁,独钓寒江雪",他以一种强大的生命韧性,对抗着独行于天地宇宙中的孤独;他用眼神洞穿潭水,看透人生的离合悲欢;他用土石堆出小丘,感知内心世界之大。

人生至暗时刻，柳宗元未曾沉沦，在逆境中，他看到了一抹光亮。

刚到永州的时候，他住在龙兴寺。可是这里太简陋了——一处向北的房子，本就少光，周围又被树木遮蔽，整日昏暗阴湿。不过，柳宗元对这里是满意的，毕竟只是暂时居住。更何况，在这里能日夕奉佛，这是他的母亲所需要的。真正让柳宗元满意的是，这里位置极佳，它是永州境内最高的地方之一，房子的西边，下临大江，江外是莽莽的山谷林麓。

于是，柳宗元决定对房子进行一些细微的改造：在西墙上凿出了窗户，在窗户外面又架设了围栏。这样做的目的，不只是引入西照，更是要将永州的山水引入室内。开窗之后，他可以一个人坐在房间里，不用挪动桌椅，便可以看到滚滚江流，以及层叠的群山与密林。

柳宗元很满意自己的改造，就写了《永州龙兴寺西轩记》这篇短文。他将这篇短文抄了两张，一张送给了龙兴寺的重巽和尚，这名和尚是柳宗元初到永州之后，为数不多的接纳他的人；另一张则是贴在自己所开的窗户的外面，外面没有人，只有滚滚江流。柳宗元这篇文章，并不需要他人来欣赏，而是贴给外面的江流、群山、密林看的。

改造完龙兴寺房屋的内部以后，柳宗元又改造了房屋的外部，在《永州龙兴寺东丘记》中，就讲到了他是怎么改造东丘的。柳宗元对于风景有自己的美学思考。他认为，山水游览的适意，来自相对的大小两端：一端为空旷，登上险峻的高山，超越于幽郁的山谷，便会有这种旷达的适意；另一端为深奥，登上小丘，探察茂密的灌木莽丛，那里迂回而深不可测，宜于收获深奥的适意。在空旷之处，即便是增置高耸云端的台阁，上可接星日，下可俯瞰风雨，也不会嫌它空旷；在深奥之处，即便是增添树木、丛石，深邃如洞谷，蓊（wěng）郁如密林，也不会嫌它深邃。

在古代，几乎很少有人像柳宗元这样，有一番关于幽微之地旅行的美学。如果没有机会去看名山大川，那么这样细细欣赏周围山水的幽深之美、旷然之美也是很好的。而在这两端之间，柳宗元觉得幽深更为适意。

一个北方人到达湿热的南方，要适应这里的气候是很不容易的。有了东丘这三百余棵树木和花卉的屏障之后，柳宗元的住所就没有那么炎热了。树影斑驳，清风四起，这是柳宗元需要的、喜爱的。但是，来过的人，无不嫌弃它的深邃。

游客通常喜欢视野广的风景，比如龙兴寺本身，在这个地方，可以一览永州天地之大。像东丘这样视野小的地方，幽深却无人属意，因为没有人能够体察到这种对微观世界的欢喜。

由于很是明白世界的参差，柳宗元并没有在他的文章中如何夸赞这个地方，反而是非常担忧。担心有人嫌他种树太多了，就会砍掉这些树，毁了这个他费了好多心血营造出来的小天地。

经历世事以后，他笃定，并不是所有自己喜欢的、追求的事物，别人都会喜欢。所以他写下这样的文字，希望后来的人，能理解他的这番建造意图。经历过深刻孤独的人才会理解：世界有时候会不以自己期待的面目出现。柳宗元在一定程度上，其实将这座废弃的小丘视作了被抛弃的自己。

自己因为政见与人不同，就被贬谪到了这里。自己对山水适意的理解，对幽深之美的追求，也是和别人不一样的，那么这方自己辛辛苦苦营造出来的小天地，是不是将来也会遭到毁灭呢？

柳宗元的担心也不是多余的，这方小天地后来没几年就被几次火灾毁了，只剩下些灰烬、废墟。而他远在长安的祖宅，也已经易手他人。在这个孤独的世界上，柳宗元失去了自己可以享受"奥"之幽微的家。在龙兴寺居住了四年之后，他就搬家了。

小天地也可以很美，这是柳宗元独树一帜的景观美学。哪怕在一个孤独的、很小的空间里，也可以营造出幽深之美。哪怕这种美，只有自己一人能够体会。

柳宗元先是搬到城东的法华寺短住了一年，这里也是永州的制高点之一，可以俯瞰全城。附近有很多茂密的竹子，柳宗元与和尚商议后，就把它们砍去一些，这样就可以在寺中眺望江流与远山了。柳宗元还复制了龙兴寺的做法，在山寺边上建造了一座西亭，他又可以得到"旷"的适意了。

后来，他又移居西山之下的染溪（又名冉溪）。在离开永州之前，他都是在这里居住的。他在染溪上游购置了一块土地，同时购买的还有旁边的小丘和泉水，他将它们清扫干净，疏通水脉，建造亭屋。亭屋建成之后，他又将染溪改名为"愚溪"，小丘改名为"愚丘"，泉水改名为"愚泉"，房间命名为"愚堂"。这里的一切，都以"愚"字命名。这个"愚"字，是柳宗元对人生非常深刻的思考。经历了政治斗争伤害的人，会选择守愚、守拙。这也再次说明，他非常擅长从景观、山水中开启自己的哲学思考。

柳宗元在永州岁月里积累的文字——《永州八记》，成为唐朝散文的代表之作，也记录着小潭之畔柳宗元的生命蜕变，是他在永州山水行旅当中真实心态的写照。困居"囚山愚溪"十年光阴，让柳宗元登上了中唐哲学思悟、文学成就的高峰。

其中有一篇叫《钴鉧（gǔ mǔ）潭西小丘记》。"钴鉧"是"熨斗"的意思。钴鉧潭形状像熨斗，所以柳宗元给它起了一个这样的名字。在钴鉧潭旁边，有个一亩大小的小丘，柳宗元花四百文把它买了下来。他饶有兴致地改造这个小丘，把上面的荒草、恶木都砍去，种上美丽的花木。待在这个地方的时候，他觉得心情无限旷达；他站在小丘之上，可以说是心旷神怡，远处的飞鸟、浮云仿佛都在向他致意；他躺在小丘上的时候，内心进行了一场小小的换算：这么美丽的一块小丘，如果在长安得有多贵啊？

一个被长安城拒绝了的人，躺在永州的小丘上，笑着将这样的思考写成了文字，但是其中蕴藏着太多的无奈和悲凉。这座小丘，当地人是看不上它的。而柳宗元与小丘有着同样的命运，他被这个时代拒绝了。

柳宗元笔下的永州山水冲淡、旷远，他们都有着一种为天地所弃，或是自弃于天地的彻底的孤独。这种孤独其实正是《江雪》中那个"独钓寒江雪"的蓑笠翁，他们都孤清且倔强。

《江雪》和《永州八记》在内核上是完全一致的。它们都在思考宇宙之大、人生之小的关系。雪中的天地旷远高洁，又萧索肃杀。可是，江上的渔翁，不顾一切地坚持着自己要做的事情。这个渔翁其实是柳宗元的自我投射，在永州的柳宗元，就是孤舟中的蓑笠翁。

柳宗元已经被主流社会隔绝了，京城的人也不再联系他。他被隔绝的，不只是人际关系，还有人生的各种可能。他的朋友韩愈，在这些年里，逐渐成为文坛的领袖，开启了古文运动，"三十余年，声名塞天"（《论韩公文》）。同辈人白居易、元稹引导了新乐府运动，全国上下，从台阁禁省到贩夫走卒，没有人不知道"元白"和他们的诗。

永州，埋葬了柳宗元的政治理想，却又开辟了哲学、文学的秘境。这一转变，便是孤独的力量。没有孤独的求索，柳宗元将会像"八司马"中的另外六个一样，成为政治斗争的一个卑微的牺牲品。他的墓志铭上，只能是"永州司马"而已。因为孤独的坚守,我们才有了文学家、哲学家柳宗元。永州十年间,他思考古今,想象宇宙,写下《非国语》《封建论》《天说》等缜密的论文,形成了自己独特的历史与哲学见解。

而最重要的是,柳宗元不是一个只对自己的身世感到悲戚的人。对于永州的平凡百姓,柳宗元怀着强烈的悲悯。他关心永州百姓的生活。他在文章中写过"观民风,采民言"这六个字。也就是说,虽然被抛弃到这么遥远的地方,柳宗元还是没忘记儒家士大夫的责任和使命。

正是在这样的情怀之下,他写下了富含儒家悲悯情怀的《捕蛇者说》。很多人是因为柳宗元的《捕蛇者说》才知道湖南永州的。在这篇文章里,他讲到永州人为了缴纳赋税,冒着死亡危险去捕一种剧毒的蛇。据说,这种蛇长着黑白的花纹,经过哪里,哪里的草木就会全部死光;咬了谁,那人便会因蛇毒而死。这种蛇风干之后可以作为药引,能够治疗多种疾病。因为这种药物很稀缺,就能用捕的蛇来抵税。有一位捕蛇人告诉柳宗元:自己的祖父、父亲,都死在捕蛇这件事情上。

柳宗元觉得这太悲惨了,就说不如恢复赋税,不要再抓蛇了。可是,这位捕蛇者马上泪如泉涌,连连拒绝。因为赋税对他们来说实在是太沉重了。对于普通百姓来说,沉重的赋税比毒蛇还要可怕,柳宗元这时候才恍然大悟什么是"苛政猛于虎"。当时永州距离京城非常遥远,永州百姓都能被赋税逼到如此地步,那其他地区更是可想而知了。这样一篇短文的背后,是柳宗元不曾放下,反而越来越强烈的"辅时及物"的抱负。

"辅时及物"这个词,是柳宗元在《答吴武陵论非国语书》这篇文章中提出来的。"辅时"即有利于、有助于时代;"及物"的意思是,要和现实生活中的事物相联系,要言之有物,而不是空发议论。"辅时及物"这个概念,在文学实践上具有重要的意义,它和柳宗元提出的"文以明道"具有内在的相通之义。

直到四十一岁的时候,柳宗元才等来回京起复的消息。回京一个月后,新的外派命令又来了:任命他为柳州刺史。表面上官是升了,但是柳州比永州更加偏远。终于,四十六岁那一年,柳宗元在柳州去世了。

如果说韩愈的人生节奏是"起起落落、起起落落"的话,那么柳宗元的人生可以说是"起,落落落落"。如此崎岖坎坷,让人止不住叹息。可是,从中国文学史的角度来看,柳宗元是"唐宋八大家"之一,在古文领域的成就极高。在文学的成就上,柳宗元这一生是"起起起起起"。

南宋诗论家严羽评价柳宗元说:"唐人惟子厚(柳宗元)深得骚学。"所谓"骚学",精髓便是屈原那种上下求索的"修远"精神。屈原在黑暗现实中,随想象腾空而去,去昆仑、层城,去探索世界的广大,追问有关理想的答案。柳宗元在永州的狭小室内,也在践行这种"修远"的精神。可是,屈原上下求索不得,从而悲愤投江,柳宗元却在夹缝中寻找到了人生的另一个维度。

  无论是暂时栖身的龙兴寺,还是西山东边的小丘,柳宗元总是在苦中作乐。在寂静的孤独中,他用文字绘出美景,也于无声处绘制了人生的另类风雅。他终于把生活的窄仄,变成了精神的宽大。

七

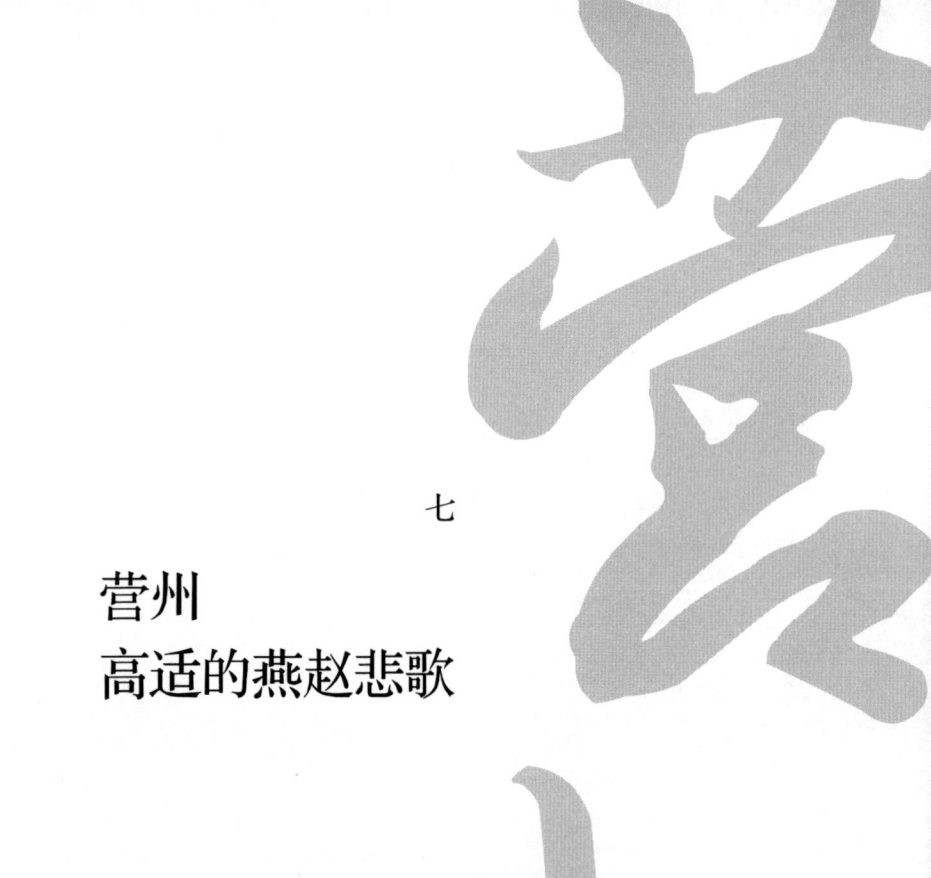

营州
高适的燕赵悲歌

"莫愁前路无知己，天下谁人不识君？"

我们读这首《别董大》的时候，会怎样想象作者高适？或许他是一个豪阔之人，或许他一生顺遂，颇有二三知己，才会这样去鼓励董大。

其实，告别董大的时候，高适正处于人生中最困苦的阶段。《别董大》有两首，另一首，写到了高适当时的窘况。他说自己是："丈夫贫贱应未足，今日相逢无酒钱。"在这场离别的见面中，由于穷困，高适连买酒的钱都没有，也没有办法为朋友张罗一顿送行的饭。而且，这种贫贱生活似乎望不到头。但就是这样一个深陷困境的人，却能拍着朋友的肩膀，告诉他前程会好的。高适是达观的。

高适的前半生过得很不顺利，非常穷困，在逆境中沉沉浮浮了许多年。他尝试干谒、隐居、漫游，但都没有遇到自己的知己，一直是布衣之身。快五十岁的时候，高适终于通过制科，当上一个小小的封丘县尉——一个九品芝麻官。五十二岁的时候，他果断从封丘县尉这个小岗位上辞职，前往边塞。但他在边塞幕府期间也做得毫无起色。

直到五十五岁，在安史之乱中，高适的才华被唐玄宗发现了。在人生的最后十年，也就是五十五到六十四岁这段时光里，他迎来了属于自己的高光时刻。

天宝十五载（756），安史之乱中，高适护送唐玄宗入蜀，擢谏议大夫。之后，他出任淮南节度使，讨伐永王李璘叛乱；讨伐安史叛军，解救睢阳之围。他历任太子詹事、彭蜀二州刺史、剑南西川节度使。广德二年（764），高适出任刑部侍郎，转散骑常侍，册封渤海县侯。

唐朝很少有诗人能像高适一样，得到这样完满的结局。许多唐朝边塞诗人都有封侯的梦想，也都会在诗中寄托自己的此种情思，但真正获得封侯的盛唐诗人只有高适一人。连《旧唐书》都说他是唐朝文人中唯一的"达"者。高适，字达夫，站在他人生的结局往前看，你会发现，"达夫"二字可以说是高适一生的概括。他在适应了自己所遇的逆境和顺境后，通向了"达"。这里的"达"，不仅有显达之义，更是豁达、通达。

高适，渤海蓨（今河北省衡水市景县）人。他排行三十五，所以常被称为"高三十五"。他的年龄可能和李白相仿，比杜甫大十来岁。他的曾祖父在隋朝做过将领，祖父是唐朝名将。可以说，高适出生在一个典型的武将之家。他的父亲，生前最高的职位是韶州刺史。他们家虽然不如岑参家显赫，但也算是有过家族荣耀。

这样的出身，让高适有着不凡的胸襟抱负。高适有一种豪侠之气，对人生有极高的期许，同时也拥有强烈的自信。高适从小的爱好，是谈王霸大略、追求功名、崇尚节义，其中含有对纵横家的倾慕。他认为自己具有奇才，因此"耻预常科"。唐朝的科举考试，大体分为常科和制科：常科，是定期举行的科举考试；制科，要通过不定期的考试，以招收一些有才能的人。一般人看重的是常科，但是高适不想走这样的常规道路。

高适对自己的期许非常高，十九岁的时候，也曾仗剑走天涯，来到了长安。那时候，他看着宏伟的皇宫，认为自己这样有才华的人，要想获得公卿之位简直易如反掌。但不久之后，现实就浇灭了他的热情。他在诗里感叹说："白璧皆言赐近臣，布衣不得干明主。"自己连个进士出身都没有，只是一介布衣，怎么可能去辅佐君王呢？

真正让高适感到绝望的，是当时流行的干谒风气。当时国家明明有科举制度，应该通过考试成绩来分高低，但是干谒也真实存在着。它本质上是一种权力干预，破坏了制度的规范性和公平性，甚至比制度更有力量。高适这样的人，出身不差、个人才情也不低，却也只能走干谒的道路。

年轻时的高适是一个穷青年，家里很贫苦。大概因为父亲去世早，没有留下什么遗产，高适又不擅于治理家财，所以口袋空空。高适早年不屑于走正常的进士道路，这一点有点儿像李白。但很明显，高适的家底没有李白的雄厚。他人生失意以后，只能选择回老家种田来养活自己。田里的收成有时候好，有时候不好。在收成不好的时候，他就只能像乞丐一样去求人。古代士庶有别，士大夫阶层的人，选择亲自耕田，相对来说是少见的。

高适把日子过成这样，他着急吗？他不着急，他还觉得很惬意。他把这段人生的低潮时光，看作修身养性的日子。他还常常自称"野人"，说自己是"田野贱品"。经历了这样的生活，高适把自己当作劳动人民，这也为他后来从底层视角来写边塞诗埋下了伏笔。

十几年的乡村生活时光，高适没有虚度。其间，他曾经两度出塞，一次是开元十九年（731）秋，他出使蓟北；另一次是天宝九载（750），他又出使蓟北。在人生不得意的二十年里，高适一直都在读书、思考、孜孜以求，并不是一个万事不关心的隐士。他种田干活，混迹在底层人民中间。那些民生疾苦，每天都在他眼前上演。对于底层百姓经历的一切，高适都有着冷静的思考。他说自己"万事切中怀，十年思上书"，随时准备着上书献策、与皇帝谈论社会问题。

终于，"莫愁前路无知己"，这句话在高适身上应验了。天宝八载（749），高适快五十岁了，通过寓居之地的父母官张九皋的推荐，参加了制科考试，并且顺利通过。从他游历长安一无所获，到现在整整过去了三十年。

高适虽然通过了制科考试,但是朝廷给他的授官并不好。他成了封丘县尉,官阶正九品下。到了封丘以后的所见所闻,都令高适非常难过。他那首著名的《封丘作》,就是带着满腔愤怒写出来的。诗歌说的是:"我本来是个乡野樵夫,隐居草泽,非常悠然。现在到封丘这个地方当一个县尉这样的小吏,还不如自己当初隐居草泽。在这个小地方,我没有什么作为,每天只能处理很多杂务。而这些都不如不得已拜迎长官、帮助官府欺凌百姓的现实让人感到悲哀。"

老百姓在强权之下的卑微生活,直击高适内心。因此,在封丘勉强坚持了三年,高适决定离开。天宝十一载(752),他辞去县尉的工作。秋冬之季,进入陇右河西节度使哥舒翰幕府,开始了军旅生涯。

高适曾经写过一组诗《三君咏》,他对自己人生期待和人生格局的理解都在这组诗中了。这里的"三君",分别是指唐太宗、唐高宗和武则天时代的名臣——魏徵、郭元振、狄仁杰。他们都是直臣,不说假话、不打诳语,连皇帝都不怕,敢于表达自己的政治见解,一心为公,绝不为私,能够安定社稷,干的都是大事。高适以他们为榜样,在为人作风、文章风格方面,也在努力追求接近他们。所以《旧唐书》本传称高适"负气敢言,权幸惮之",他常常敢于揭露黑暗之事,直抒胸臆。

人生坎坷崎岖,高适一路走来,穷困潦倒,如今做着一个无足轻重的小吏。但他的理想是成为魏徵、郭元振、狄仁杰这样的人。高适追求功名，不是为了富贵，不是为了得到他人的赞许，而是希望能参与到解决社会问题之中。当他还是一介布衣、一个小小县尉的时候，他都没有轻视过自己的理想。长期的清贫对他来说算不得什么，长期的世路崎岖也算不得什么，他的理想始终为他的生命提供着源源不断的动力。正如他的《燕歌行》所表达的那样：

开元二十六年，客有从元戎出塞而还者，作《燕歌行》以示，适感征戍之事，因而和焉。

汉家烟尘在东北，汉将辞家破残贼。
男儿本自重横行，天子非常赐颜色。
摐（chuāng）金伐鼓下榆关，旌旆逶迤碣石间。
校尉羽书飞瀚海，单于猎火照狼山。
山川萧条极边土，胡骑凭陵杂风雨。
战士军前半死生，美人帐下犹歌舞。
大漠穷秋塞草腓，孤城落日斗兵稀。
身当恩遇常轻敌，力尽关山未解围。
铁衣远戍辛勤久，玉箸应啼别离后。
少妇城南欲断肠，征人蓟北空回首。
边庭飘飖（yáo）那可度，绝域苍茫无所有。

杀气三时作阵云，寒声一夜传刁斗。

相看白刃血纷纷，死节从来岂顾勋！

君不见沙场征战苦，至今犹忆李将军。

这是高适的代表作，写在开元二十六年（738）。诗的小序中交代了创作缘由：高适当时遇到一位跟随御史大夫张守珪出塞，而后又回来了的行客，这位行客写了一首《燕歌行》给高适。于是高适也写了一篇同题作品，来和这首诗。这位从边塞回来的行客是谁，以及他的《燕歌行》写了什么内容，今天已经不得而知。但是，从高适的这首诗来推测，原来那首诗应该非常具有批判性。

高适的《燕歌行》，不是写胜利的凯歌，而是在写战争的失败。唐玄宗时代，边患问题比较严重。开元、天宝时期，周边的吐蕃、回纥、南诏、奚、契丹等民族实力都比较强大。高适的《燕歌行》讲述了东北边境的战事，与奚、契丹相关。

这首诗的主人公是汉将。"汉家烟尘在东北"，敌人入境，前线吃紧。这位汉将奉命率领了一支增援部队去抗击凶残的敌人。他们的士气十分高昂，在天子的特别嘉奖之下，更是斗志昂扬。然而，敌人的来势凶猛，像是狂风骤雨猛然而来。在如此十万火急的时刻，战士们在前线奋力拼杀、生死各半，指挥战役的统帅将领，竟躲在军帐内寻欢作乐。这样的荒淫腐朽，令人发指，也导致了战争的失利。"孤城落日斗兵稀"，战斗艰苦，伤亡愈重，一派苍凉。然而，由于指挥失利、敌我双方众寡悬殊，即便士兵们顽强依旧，增援任务还是失败了。

东北边境上，战争仍在继续，"少妇"与"征人"还是无法团聚，只能两地相望。战争是正义的，士兵是英勇的。可是，由于主帅昏庸、军政腐败，士兵们无辜牺牲，国家利益受到严重损害。所有这一切，都令汉将感慨不已。于是，他大声疾呼"君不见沙场征战苦，至今犹忆李将军"，怀念起了历史上的良将。实际上，这是对现任将帅的否定和讽刺，也是对朝廷用人不当的批判。

写下这首诗的时候，高适并不在边塞。东北边境的边患问题，是高适长期反复思考的问题，他也一直想要前往边塞。西游长安失意后，高适以"常怀感激心，愿效纵横谟"的态度北上蓟门，也希望在东北边塞寻求报国立功的机会。在成为封丘县尉之前，高适反复想要"从军行"。开元十八年（730），奚和契丹侵扰唐朝边境的时候，高适就很想上前线。在开元十九年（731），高适终于得偿所愿，在信安王幕府里待了两三年。在《信安王幕府诗》中，高适满腔热情地赞颂了信安王的武功和幕中诸公之才。但是，他并没有受到重用。

不过，这两三年的军旅时光，让高适深入了解了边境的情况。首先，他去了边地，了解了边地人民的生活。还写了一首著名的《营州歌》：

营州少年厌原野，狐裘蒙茸猎城下。

虏酒千钟不醉人，胡儿十岁能骑马。

营州是北方军事重镇，朝廷经营营州柳城，是为了应对契丹和奚。高适没有讲述营州的历史，而是将目光落到儿童身上。营州的儿童十岁便会骑马，而且他们酒量很好，千钟不醉。这样的孩子，穿的是狐裘蒙茸。蒙，是毛茸茸的动物毛皮。孩童们正穿着毛茸茸的衣服打猎。这样尚勇的小孩，在营州到处都是。北方的勇武剽悍，在这些胡儿身上，展现无遗。

这趟军旅之行，高适没有建立功业，但是也没有白来。他实地考察了边塞战争情况。敌军的凭陵、边境的苍茫、战士的英勇、统帅的腐朽，都给他留下了深刻的印象，融入了他对边塞问题系列的看法当中。那时候，他就写过很多诗，这些诗所反映的思想，和《燕歌行》大体相似。

高适对战争的态度始终如一。他认为要用武力扫除边患，非常反对和亲。但这并非意味着高适热衷战争，只是当时的边境和朝廷的对外政策，实在令人气愤。开元元年（713）开始，唐玄宗对契丹、奚采取笼络的政策。开元十八年（730），契丹内乱，胁迫奚人叛唐降突厥。其后，连年入侵唐边境。开元二十年（732）和二十一年（733），朝廷都曾出兵攻击，但是败多胜少。直到开元二十二年（734），幽州节度使张守珪大破奚、契丹，斩了可突干和契丹王，契丹才重新归附于唐朝。

好不容易打了胜仗,唐玄宗竟又为了安抚他们,嫁了两个公主到契丹和奚。打了胜仗还和亲,这是很屈辱的事情。之后,守着边境的平卢、范阳节度使安禄山,为了建功邀宠,主动挑起战争,频繁侵扰契丹和奚。于是,契丹和奚就把大唐的和亲公主杀了,发动叛乱,唐朝的边境再次陷入不安。

高适最关心的,始终是战士。所以,他站在士兵的立场上,来描写战争。他非常懂得战士们保家卫国的决心,懂得他们从军的苦乐。他在《蓟门行》(五首)里写那些慷慨出征的士兵,把自己的生命都置之度外。他也经常讽刺那些不以国家大事为重,反将个人享受放在首位的大将,《赠别王十七管记》一诗中就写:"归旌告东捷,斗骑传西败。遥飞绝汉书,已筑长安第。"敌人的增援军队持续增援,前线吃紧。而我方主将,却只关心长安的房子是不是已经盖好了。这样的主将,当然不可能身先士卒,体恤部下。主将问题,正是当时边塞军务中的最大弊病。

高适后来去了河西节度使哥舒翰的幕府中,或许正是因为高适有着深邃的军事家眼光,所以才有机会参与西北的军事,也促成了他对安史之乱以后政治局势的准确判断。

高适诸如此类的军事战略眼光,在《燕歌行》中很是突出。《燕歌行》高度浓缩了高适对当时边地战争的看法,几乎包含了他边塞诗中涉及的所有主题:唐朝的边防策略、东北的军事格局、战争形势、军队中的黑暗、士兵的痛苦与牺牲,甚至还包括了"游子思妇"的乐府旧题,说明高适的边塞诗具有极大的兼容性。这首诗的价值,当然不仅仅在于告诉大家高适是一个优秀的诗人,更让我们知道了他是一个懂军事、懂战略、能够抓住问题本质、敢于直言的智者。这也是他晚年能够成为"诗人之达者"的关键原因。

天宝十四载(755),安史之乱爆发。这一年,唐玄宗仓皇奔逃蜀地,马嵬坡下,迫于六军压力,杀掉了杨国忠和杨玉环。杨氏专权的时代也宣告土崩瓦解。七月,唐肃宗李亨在灵武即位,改元至德。八月,李亨派出的使者到达成都,向唐玄宗宣告了这一消息。唐玄宗只好派韦见素、房琯、崔涣等人,带着国宝玉册,让唐肃宗在灵武登基。次年十二月,永王李璘由江陵起兵,意欲占据江东,与唐肃宗分庭抗礼,拉开了皇族内部斗争的序幕。唐朝的整个政治格局发生了历史性巨变。

在这样的一个乱世,高适的人生却迎来了转折。天宝十二载(753),高适正在哥舒翰的幕府中,担任掌书记。天宝十四载(755),安史之乱爆发,高适随哥舒翰返朝,辅佐哥舒翰守着潼关,抵御安史叛军。后来,潼关失守,主将哥舒翰被擒。高适侥幸逃脱。和杜甫一样,他当时也奔向了仓皇逃难中唐玄宗的行在。他的人生转折,就在一次面见唐玄宗时的陈词中。

唐玄宗见到这个逃出来的臣子,问起了潼关军事失利的事。高适不慌不忙,应对得十分有条理,把平时积累的对军事的种种看法都说了出来,而且言辞恳切,很有战略眼光。于是，唐玄宗对他另眼相看，让他当了侍御史。之后，高适就陪伴在唐玄宗的左右，并在之后护送唐玄宗逃到了蜀地。

高适平生的理想，就是要做个直臣，他对唐玄宗不怎么迎合，有话直说。当时，唐玄宗信任永王李璘，给了他兵权。对于这件事，高适提出很多反对意见，为唐玄宗分析利弊。但是唐玄宗没有听，还是给了永王兵权。最后，到了江淮的永王李璘，果然发动叛乱，占据江东。这件事情，反映了高适对政治形势预判的准确性。这种政治智慧，是他多年积累而来的。

而这个时候的李白，却成了永王李璘的支持者。他怀着一脑袋的天真烂漫，投靠了永王，希望得到永王的重用。李白的这一选择，是他政治上幼稚的表现。从李白的个性来看，他具有天才的不羁与浪漫，他任侠使气、隐居求仙，却缺少封建正统观念。他并没有看出李璘已经成了唐王朝正统皇帝最危险的敌人。在这一点上，他不如高适。于是，高适和李白，昔日的两个好友，就这样走进了对立的阵营。高适成为讨伐李璘叛军的军队首领，李璘兵败被杀之后，李白获罪入狱，在流放夜郎的路上被赦免，三年后病死在今安徽省马鞍山市当涂县。

而杜甫，是在安史之乱以后，因上疏救房琯而得罪了唐肃宗，故而被贬。后来，杜甫流落到四川，得到高适的多番接济。

李白、杜甫和高适，这三个曾经在天宝三载（744）携手在梁宋一带游览古迹的朋友，此时都走上了各自的道路。

人生就是这么沉沉浮浮，但走过的路都不是白走的。对于高适而言，如果没有第一次出塞，就不会有此后他对战争、军事的时刻关注和清醒认知，就不会有《燕歌行》，不会有他的第二次出塞，更不会有前往哥舒翰幕府的种种经历，也不会有成为唐玄宗晚年赏识对象的机会。高适的人生，乍一看发生了突变，其实是慢慢积累而成的。

《旧唐书》说高适"君子以为义而知变"，这一句真的概括得非常好。高适是一个擅长看透时局本质的人，而安史之乱以后的时局，只是给予了他一个让自己展露政治军事才能的机会而已。

八

轮台
岑参的铁马冰河

一到大雪纷飞的日子，我们会很自然地说出一句"忽如一夜春风来，千树万树梨花开"。这句诗，用春天里梨花绽放的美景，描写冬天的酷寒和风雪。我们读这句诗的时候，会不自觉地想着离梨花绽放、香气悠远的春天又近了，它给了我们关于春天的期盼。

不过，我们忽略了一件事。这句诗，形容的是一个很特殊的地方——唐朝的战争前线轮台，就在今天的新疆维吾尔自治区。这句诗，出自盛唐边塞诗人岑参的《白雪歌送武判官归京》。武判官，姓武，是当时军队幕府中的判官。此时，他要离开轮台前线，返回长安。

在这首有关边塞的送别诗中，诗人为什么要用梨花来形容漫天大雪？或许，春风和梨花，代表遥远的故乡。轮台八月的飞雪，带来了季节错乱的恍惚感，一定在某个瞬间，让在苍茫边域久经风雪的战士产生一种错觉。他们感觉自己仿佛处在温暖的春天里，回到了梨花盛开的故乡。从这个角度来看，如此惊奇的比喻，充满了温情。岑参用期待故园春天的梨花般的心情，在严寒的日子中送别武判官。

边塞诗是一种写烽火前线、边疆异域的诗，它起源非常早，在盛唐的时候尤其流行，很多著名的大诗人都写过边塞诗。唐玄宗时代，边患问题比较严重，唐玄宗就鼓励有志向的士子们前往边境立功。这也可以解释，为什么盛唐时代的诗歌总是充满了功业梦想。岑参和许多诗人不同的是，他去过前线，入了幕府，亲身经历了大大小小的战役。他的很多边塞诗歌，是战报式的诗歌。

岑参出生在开元初年，具体哪一年存有争议。岑家在唐朝是大族，六朝三相。从唐太宗朝到唐玄宗朝，换过六个皇帝，岑家出过三个宰相：他的曾祖父岑文本，是唐太宗非常信任的朝臣；他的伯祖父岑长倩，在唐高宗朝当过宰相；他的堂伯父岑羲，当过唐睿宗朝的宰相。

然而，开元元年（713）前后，岑参的家庭遭遇巨大变故。当时，唐玄宗刚刚登基，他的姑母太平公主和几个大臣密谋要废掉唐玄宗，另立皇帝。岑参的堂伯父岑羲，也是太平公主的支持者。唐玄宗处置太平公主一派时，岑羲也因此被斩，岑家家产被抄，整个家族由此一蹶不振。这场政治争斗，毁掉了岑氏自南朝以来一百多年的显赫风光。幸运的是，岑家人大多被放逐，没有被斩尽杀绝，只是很难在主流社会获得较高地位了。

岑参小时候，对这些可能毫无感知，只知道家里条件一般，全家过着清贫的生活；大了以后，他逐渐了解家族往事，体味到了命运无常。父亲早亡的他是在哥哥的教导下学会读书认字的。他说自己非常勤奋，遍览史籍。岑参对史籍的偏好，与家族往事相关。

他的曾祖父岑文本是唐太宗的名臣，曾经和令狐德棻（fēn）一起编订了讲述北周历史的《周书》。贞观十九年（645），岑文本跟从唐太宗征辽东，但到了幽州，他突然病重，竟死在从军途中。唐太宗对岑文本评价很高，与他的感情也十分深厚，去探望病中的岑文本时痛哭流涕。岑文本病逝后，陪葬昭陵。

越是了解自己的家族史，岑参就越是难过。他写过一篇《感旧赋》，回忆了先祖的功勋。这份家族历史，是岑参心中一块沉甸甸的石头。岑参想沿着先祖的路，恢复家族的荣光。但是，这谈何容易？他其实只有一条科举的路可走。少年时代，他勤学苦读，怀抱壮志，经历与王勃有些相似。他说自己"十五隐于嵩阳，二十献书阙下"。隐于嵩阳（今河南省嵩山之南），是说他待在嵩阳这个地方闭门苦读。这个过程应该是非常辛苦的。五年之后，他开始上书、干谒，去展露自己的才华，想获得达官贵人的推荐。但是，岑参没有王勃幸运，没有通过这样的方式考中科举。

此后十年，岑参出入京洛，为入仕奔波，但一无所获。直到老了的时候，岑参都觉得这段干谒的生活不堪回首，并且写了诗寄托屈辱。长安的道路真是艰难，那些干谒之事，那些层层叠叠的关系，就像一座遮云不见日的大山。

到了二十九岁，岑参应举及第。别人中了进士，是"春风得意马蹄疾"，但岑参并不是特别开心。岑参被授予右内率府兵曹参军，这是一个从八品下的小官，主要掌管武官簿书。踏上仕途之前，他写了一首诗《初授官题高冠草堂》来感慨自己的命运，也折射出了他内心的矛盾。他说自己过着惬意的乡野生活，但为了实现人生的功业梦想，需要接受微官授职。他内心很纠结，想要退却，却无法放下复兴家业的责任。

在兵曹参军的职位上，岑参磨砺了四年。天宝八载（749），他转为正八品上的右威卫录事参军，掌管文簿，署理监察工作，弹劾错误的行为。但是，说来说去，这还是一个小吏，每天需要面对非常琐碎的公文工作。

远赴西域，是那个时代对文人士子的召唤，或者说，是一种时代风尚。但对于岑参来讲，其中还混杂着一些个人因素。他经常读史书，对历史上那些在西域建立奇功的人非常崇拜。岑参满怀抱负，有很多想要实现的梦想，希望通向成功的道路能更短一些。天宝八载，岑参做了一个很重要的决定，那就是离开京城，前往西域，去当时的名将高仙芝的幕府。

去边塞的路，更为艰难。首先要克服的，是对死亡的恐惧；其次是对家乡的思念，因为岑参是一个非常恋家的人。

而且这一去，未必能够建立功勋，很有可能在吃苦之余还一事无成。对于岑参的这个选择，很多人都觉得惊奇，因为岑参其实是一个性格比较柔弱的人。第一次出塞的时候，他止不住地哭泣。这些眼泪，承载着他的思乡之情，也包括对自己身世的感叹。

岑参第一次出塞，留下了三十多首诗，其中有十八首是思乡之诗。而这十八首思乡诗中，又有很大一部分在写自己因为思乡而痛哭流涕。岑参哭起来根本止不住，他都不是啜泣，而是经常大哭不止。

他有一首著名的诗《逢入京使》："故园东望路漫漫，双袖龙钟泪不干。马上相逢无纸笔，凭君传语报平安。"诗人和入京的使者，在马背上不期而遇。此时乡愁翻涌而来，他望向东边，看到来路漫漫，眼泪哗哗流，把袖子都打湿了。这首小诗创作于岑参第一次出塞之时，还没抵达塞外，诗人就将情感的波澜化作了两袖泪水。他还有一首很著名的《送崔子还京》："匹马西从天外归，扬鞭只共鸟争飞。送君九月交河北，雪里题诗泪满衣。"九月，一位崔姓朋友要去河北，而这个季节的西域天空已是漫天大雪。对此，岑参还是哭着送别，眼泪哗哗。

岑参每次都把自己的眼泪形容得像一场滂沱大雨，他哭起来简直要把浑身的衣服湿透。他实在是太想家了，即便不在送别的场合，有时也会梦到家乡，梦到自己在终南山那座有山有水的敝庐。

　　除了爱哭，他还很幽怨。边塞的交通和信息都很闭塞，有一年除夕，他给自己在长安的朋友李主簿写了一首诗，怪人家没有给自己寄信，语气非常惨淡、消极，甚至很卑微。岑参在这首诗里说，我从东边望向长安，思念那长安城里的你，可是你怎么会如此吝啬，一行字的书信都不给我寄呢？我在玉门关这个地方再望向西边，就更加肝肠寸断了，因为那边是西域更广袤的绝域啊。等信的时候，岑参总是把自己写得很卑微。他还幻想过，天上会飞来一只会说话的陇山鹦鹉，给自己播报朋友们的消息，传递家人的来信。

　　岑参在思乡之苦中寄托了自己的身世之悲。他在诗里说："沙上见日出，沙上见日没。悔向万里来，功名是何物。"他把一个人待在边疆塞外的无聊感受写得很是极致。太阳从沙丘上升起来了，太阳又从沙丘上落下去了。景色单调，百无聊赖，于是思乡。但是一打开思乡的匣子，自我怀疑就汹涌而来。于是更加愁闷，愁闷之后更加思乡，如此循环往复，岑参把心中的悲苦情绪全盘托出。

　　岑参在边疆的路上奔波，在尸骨遍地的战场跋涉。那广漠戈壁黄沙漫天，边塞绝域，根本就看不到行人，只有飘扬的沙石，风"呜呜"地吹，道路旁仿佛有鬼魅的哭声，地上白骨累累。

　　岑参迷茫了。他第一次出塞，在高仙芝的幕府中只是个小人物。关于他当时所任职务，存在争议。有人说他当时担任的是掌书记，但是，历史的真相或许是：岑参连掌书记也不是。即便他是掌书记，也只能每天和文书打交道。或许，这时的岑参，也没有真正想清楚自己出塞的目的。他只有一个朦胧的家族复兴理想，也因此背负了极大的心理压力。可是，在振兴家族的目标得不到实现之时，他又会深深陷入对自己的怀疑。

当时去边塞的文人非常多，他们大多和岑参一样，是因为不得志、因为仕途坎坷才来到了边塞。他们踌躇满志而来，落寞凄凉而归。岑参在诗里，记录下了他们的身影，比如赵仙舟、祁乐、宗均、费子、独孤渐等。岑参两度出塞，总在不断送别这些友人。其中有些人甚至在边塞把自己为数不多的财产散尽了。岑参的离别诗中，悲叹他们的命运，担忧他们的前途。他送给赵仙舟的离别诗最为沉痛："白发轮台使，边功竟不成。云沙万里地，孤负一书生。"这种凄凉的心境，在岑参第一次出塞的时候应该更为浓烈。

在深度怀疑自己的时候，岑参决定给自己的人生按下暂停键。他选择先离开边塞，回到家乡过段日子再说。这次出塞，岑参在边疆待了两年多，终于带着失望的心情回家了。那时候的岑参，在嵩阳还有一栋房子、几亩薄田。或许，对于岑参而言，此刻的归隐心打败了功业梦。在静谧田园生活中的安静思考，让岑参回到了自己的内心世界。他开始思考自己到底是一个怎样的人，关于人生这趟生命旅程，自己到底在期待什么。

这些问题到底有没有想清楚，只有岑参自己知道。没过多久，岑参决定再次出塞。

在老家待了两年多，岑参再次踏上了前往边塞的道路，远方的梦想仍然在召唤他。这一次，他的心理准备似乎充分了很多。《白雪歌送武判官归京》一诗也充分反映了他两次出塞的心态变化。岑参这首诗里的送别，和他过去的"雪里题诗泪满衣"形成了强烈的对比：

> 北风卷地白草折，胡天八月即飞雪。
> 忽如一夜春风来，千树万树梨花开。
> 散入珠帘湿罗幕，狐裘不暖锦衾薄。
> 将军角弓不得控，都护铁衣冷难着。
> 瀚海阑干百丈冰，愁云惨淡万里凝。
> 中军置酒饮归客，胡琴琵琶与羌笛。
> 纷纷暮雪下辕门，风掣红旗冻不翻。
> 轮台东门送君去，去时雪满天山路。
> 山回路转不见君，雪上空留马行处。

北风席卷，将边塞独有的、坚韧的白草都给吹折了。这还只是八月，西域就已经漫天飞雪。可喜的是，酷寒中还有春天的希望。这雪融进了珠帘罗幕，狐裘、锦衾在寒冷的衬托下，似乎变得单薄起来。主帅的角弓被冻住了，拉不开；铁衣也被冻硬了，穿不上。在这个寒冷的日子里，沙漠结冰百丈，纵横有裂纹，万里长空凝聚着惨淡愁云。幕府中，将士们在送别一位即将归京的行客——武判官。主帅对送别者十分重视，让乐工用胡琴、琵琶、羌笛合奏，非常隆重。傍晚的辕门前大雪落个不停，红旗冻僵了，风也无法牵引。诗人在轮台的东门外送武判官返京，此时大雪盖满了天山路。山路迂回曲折已看不见人影，雪上只留下一行马蹄印迹。

"山回路转不见君，雪上空留马行处"，这句诗非常含蓄，人早就已经走远了，而诗人还在盯着马走过的地方，对送别者的思念绵长而悠远。这个时候的岑参，心思更为细腻了。在这里，他没有直接表达自己的心情如何，却留下非常深沉的滋味。

那个"双袖龙钟泪不干"和"雪里题诗泪满衣"的岑参，不见了。两度出塞的历程，真正磨砺了他的人格。岑参到了封常清的幕府中任职。这里的工作环境可能让岑参舒心了很多，他的才华也得到了封常清的赏识，他开始写捷报，甚至写战报式的诗歌。

封常清体态矮小，其貌不扬，曾经通过毛遂自荐的方式成了高仙芝的侍从。但他在战争中表现很英勇，再加上他识文断字，擅长写捷报等公文，高仙芝对他很是欣赏、信任有加。所以，高仙芝离任之后，就让封常清接替自己做了节度使。封常清是一个非常懂得战地公文、诗歌宣传重要性的人。岑参这样优秀的文人碰到他，总算是有了用武之地。

岑参在封常清的幕府中，像变了个人。之前的他，看到边塞风景，是"沙上见日出，沙上见日没"，死气沉沉；现在，他对边塞景物的好奇心旺盛了起来，他要写西域最恶劣的气候，写西域最英勇的将军和士兵。他在代表作《走马川行奉送出师西征》这首诗里，是这样写轮台的战场的：在狂风肆虐的夜晚，碎石大如斗，做将军的夜不卸甲，军队整肃地前进。此时，风就像刀子一样划过脸庞，是"风头如刀面如割"。雪落在马的毛上，被马的汗气蒸腾成雾，又在瞬间结成了冰。军幕砚台中的墨水，也凝结成了冰。

这些严寒景象，在岑参笔下，呈现得非常具体。然而，来边塞的人，不但要和大自然搏斗，更要去战胜敌人。

战争，始终是悲壮的。虽然很多战争是胜利的，但是悲壮感仍然能从岑参笔下流露出来。在岑参眼中，轮台的人们是那么渺小，又是那么伟大。岑参已经不再是边塞沙丘上看日出日落的落寞样子了，他在封常清幕府中以渺小之身，进入了时代的洪流之中，在经历生死之战后变得更加坚韧不拔。在他的诗里，我们能看到边疆战士充满着一种不怕牺牲、蓬勃向上的精神。而这也是唐朝的盛世风采，那时候，即便面临着极大的困境，仍然有那么多热血的人在英勇战斗。

时代精神熏陶了诗人的气质，那些奔赴边疆的诗人各有性格，像陈子昂，任侠尚气，会使刀剑；王翰，浪荡不羁，自比王侯；高适，少性拓落，不拘小节；岑参，虽是一个文弱书生，也被时代的洪流引向了边塞这个可以逐梦的地方。

当然，岑参始终是一个孤独的旅人。萧瑟的塞外，他只身一人于幕府工作。岁月流逝，立业渺茫，他能做的只有等待。岑参的心境仍然是复杂的，只是比过去要深沉很多。乡愁、事业焦虑、时有时无的自信……种种苍茫、悲叹的感受，都附着在他的边塞诗里。他笔下的一切，奇壮无比、瑰丽无比，而又苍凉无比。

见过无数血淋淋的战场，岑参对生与死的感悟非常多。所以他的诗是豪迈、凄凉、悲伤相间的。岑参在边疆的大自然中，感受物候变化和季节更替，他触目兴叹："渭北春已老，河西人未归。边城细草出，客馆梨花飞。"有时，他还会念及家乡方向的风和日："家在日出处，朝来喜东风。风从帝乡来，不异家信通。"

岑参可能并没有给我们留下多少趣闻逸事。但是，一个真实的诗人，总是可以通过诗歌让人看见。在雄奇壮阔的塞外风光中，岑参以苦为乐。他在边塞诗中留下的这种精神，感动过很多人。南宋的陆游，每次读岑参的诗时，都会万般感叹，泪流不止。"僵卧孤村不自哀，尚思为国戍轮台。夜阑卧听风吹雨，铁马冰河入梦来。"岑参在轮台看过的雪，终是通过了诗歌的传递，进入陆游的梦中。那些岑参所写下的轮台的铁马冰河，是陆游在梦中听到的声声召唤。

天宝末年，大将封常清因为抵抗安史之乱失败而被唐玄宗处死，岑参失去了一生中最为赏识自己的主将。此刻，他在边疆的建功之路，也走到了尽头。轮台的雪潇潇洒落，岑参重新陷入孤独无依之中，终于还是怅然离开了这片给过他热血和忧愁的土地。

离去世还有四个月的时候，岑参写了一首诗——《客舍悲秋有怀两省旧游呈幕中诸公》：

三度为郎便白头，一从出守五经秋。
莫言圣主长不用，其那苍生应未休。
人间岁月如流水，客舍秋风今又起。
不知心事向谁论，江上蝉鸣空满耳。

这首诗仿佛概括了他的一生。岑参在这首诗里，悟到了世事悲凉，也悟到了人生孤独的真谛。他回望一生，无悔于慷慨出塞、追求功业。他在世路崎岖中，体会到了难言的滋味。秋风中，蝉声四起，岑参的满腹心事无人诉说。

他把自己孤独地留在了盛世的尾声里。

九

朗州
刘禹锡的释怀与接受

宝历二年（826），对于刘禹锡来说太特殊了。他刚刚结束了和州刺史的任命，前往洛阳，等待朝廷赐下新的官职。此时，距他三十三岁参加永贞革新被贬谪出京，已经过去了二十二年。

这二十二年里，唐朝换了多位皇帝：唐顺宗、唐宪宗、唐穆宗、唐敬宗。刘禹锡在外任职，也辗转了很多地方：朗州、连州、夔州、和州等。这些地方在今天的湖南、广东、四川、安徽等省份。

再次来到洛阳的刘禹锡，已经五十五岁，头发斑白，理想却还停留在青年时代。此时，他在等待人生的转机。

前往洛阳的途中，刘禹锡和白居易在扬州相遇。这个时候他们二人并不是很熟悉，但是应该都听说过对方的名声与事迹。筵席上，二人你来我往，各写了一首诗。

白居易和刘禹锡都生于唐代宗大历七年（772）。但是不同的人生经历，让此时的他们拥有不同的面容。刘禹锡满面沧桑、两鬓白发,白居易大概非常动容。刘禹锡原本是一个非常有才华的人,却因为政治命运的种种磨难飘零半生。白居易心中酸楚,在微醺之际即兴写了一首《醉赠刘二十八使君》,将那些从世俗中获得的对刘禹锡的印象,全都写在了这首诗中:

> 为我引杯添酒饮,与君把箸击盘歌。
> 诗称国手徒为尔,命压人头不奈何。
> 举眼风光长寂寞,满朝官职独蹉跎。
> 亦知合被才名折,二十三年折太多。

刘禹锡领受了白居易的好意,回赠了一首诗《酬乐天扬州初逢席上见赠》:

> 巴山楚水凄凉地,二十三年弃置身。
> 怀旧空吟闻笛赋,到乡翻似烂柯人。
> 沉舟侧畔千帆过,病树前头万木春。
> 今日听君歌一曲,暂凭杯酒长精神。

他在诗中将思绪拉远,没有去想将来如何,而是回望了来时的路。在贬谪的二十二年(因被贬之地离京遥远,要到第二年才能回京,所以诗中说"二十三年")中,刘禹锡辗转于巴山楚水,这些地方都非常偏远。而今自己被召回,一切却都变了。故人们已经纷纷离世，刘禹锡只能吟唱起《闻笛赋》来悼念他们。自己仿佛是《述异记》里的"烂柯人"，进山砍柴途中只是观看了一场棋局的博弈，出山时斧柄竟然已经腐烂，山外的人间不知道已经过了几世。

在白居易看来，刘禹锡的不幸是由于无可奈何的"命"，并且将他的遭遇归于超群的诗才。刘禹锡能领会白居易的一片好心，却不完全同意这种颇带感伤色彩的看法，又不便直说，于是通过诗句，委婉曲折地把自己的意思表露了出来。刘禹锡是乐观的，他在认识到命运无常、人事渺小之后，选择了释怀和接受。在他眼中，宇宙的新陈代谢是公平的，造物者不会厚此薄彼。沉舟曾经是竞渡千帆中的一艘，病树也拥有过自己的春天。荣枯之别，只是一种自然现象，他不想沉溺在命运的悲苦中。

这次扬州相见，白居易的宽慰让刘禹锡舒心了不少。用刘禹锡的话来说，是"暂凭杯酒长精神"。此后的人生中，白居易这个朋友也给刘禹锡带来很多快乐。晚年的时候，刘禹锡和白居易还在相互唱和，两个人为中国诗歌史留下了许多唱和诗。

柳宗元、白居易都是刘禹锡的朋友。但是"刘白"组合和"刘柳"组合，风格完全不同："刘柳"是漫长贬谪之旅中生死相依的朋友；"刘白"则像是经历过了大风大浪释怀之后，步入晚年生活的话搭子。

刘禹锡和白居易特别喜欢交流日常的事情。白居易晚年的时候，喜欢沐浴，舒服了就要写首诗。一次沐浴后的第二天早晨，白居易发现了一件悲哀的事情——自己的头发又变少了。于是，他在诗中感叹"飒然握中发，一沐知一少"。刘禹锡也有脱发的困扰，就写了一首诗回赠白居易："发少嫌梳利，颜衰恨镜明。独吟谁应和，须寄洛阳城。"

可以说，从席上初逢到人生最后的终点，白居易一直都是让刘禹锡"长精神"的人，二人的相处氛围轻松且温馨。刘禹锡晚年专门编了《刘白唱和集》，把两个人的唱和诗编到了一部诗集当中。这是一场让人羡慕的友谊。这场友谊，从白居易同情地感叹刘禹锡"二十三年折太多"开始。这首白居易在喝酒时写的诗，竟然使刘禹锡感念了整个后半生。

而一切，似乎都与那场长达二十二年的贬谪之旅有关。

刘禹锡祖籍在洛阳，天宝末年，因安史之乱，他的父亲将全家迁到了江南避乱。他们全家都住在苏州的嘉兴县（今浙江省嘉兴市）。刘禹锡生在江南，长在江南，对江南的感情很深。贞元六年（790），刘禹锡十八岁，到京城赶考。二十一岁的时候，他考中了进士。五年后，父亲去世，刘禹锡丁忧三年后，回朝做官。刘禹锡的母亲卢氏，出身于范阳士族，四十岁左右生下了刘禹锡。刘禹锡没有兄弟，高寿的卢氏在晚年便跟着刘禹锡踏上了贬谪之旅，和柳宗元在同一年去世，去世的时候年近九十岁。

二十二岁到三十二岁这十年，是刘禹锡人生中最顺畅的十年。他先是去了扬州，成了杜牧的爷爷杜佑的掌书记。杜佑非常器重刘禹锡，给了他很多锻炼的机会。杜佑编《通典》，刘禹锡是第一批读者。之后，杜佑一度想要引退，刘禹锡因此离开扬州，去往长安。

贞元十九年（803），杜佑入朝，刘禹锡也被擢升为监察御史。次年，他又被京兆水运使薛謇选为女婿。第三年，刘禹锡任尚书屯田员外郎。这一阶段，他仕途顺利，又娶了名门之女，人生春风得意。

刘禹锡这样的青年才俊，是当时政治势力偏好争取的对象。他给父亲丁忧之前，当过太子校书，早早被太子府的王叔文看中。王叔文出身寒门庶族，本来是个陪太子下棋的人，但是太子很信任他，也很依赖他，因此对他委以重任。唐德宗末年，宦官当道，政治生态非常糟糕。唐德宗猜忌群臣，也提防太子，很多事情都听宦官的。当时，一些政治党派正在形成，王叔文将刘禹锡和柳宗元拉入了自己的阵营。

贞元二十年（804），太子李诵突然中风，太子之位受到了威胁。贞元二十一年（805），唐德宗去世，中风的李诵带着病体即位，也就是唐顺宗。王叔文集团因此得势，不久后开始发起改革。这场改革就是历史上著名的永贞革新，只维持了一百四十六天。因为触动了很多人的利益，很快（同年八月）就被宦官集团扑灭，以"顺宗内禅"的结局而告败。

次年，李诵病死，宦官们拥立了太子李纯，也就是后来的唐宪宗。

唐宪宗即位后，对永贞革新群体恨之入骨的政治势力，开始对改革群体进行反扑。参与改革的核心成员，包括王叔文、王伾、柳宗元、刘禹锡在内，或被处死，或遭到贬谪。这就是历史上著名的"二王八司马事件"。刘禹锡在巴山楚水凄凉地的二十二年，就是从这一年开始的，他被贬谪到了偏僻的朗州，也就是今天的湖南省常德市。

元和元年（806），唐宪宗发布《改元元和赦文》，改了年号，并且赦免了一批过去的罪犯。当时，刘禹锡写了一封信给杜佑，希望能"量移"。量移就是获得宽宥，迁移到较好的地方、离京城较近的州郡。然而，唐宪宗对"八司马"非常厌恶，没有给他们量移的机会。刘禹锡在朗州司马任上将近十年，这种经历对于一个有抱负的人来说无疑非常残酷。

刘禹锡喜欢在诗歌中表达自己无法压抑的愤懑。对唐顺宗的死，刘禹锡感到非常疑惑。当时有一种声音，说唐顺宗是被宦官杀害的。于是，刘禹锡在诗文中写下了"今吾王何罪乃见杀"。贬官期间，刘禹锡还写了《游桃源一百韵》，用典故影射宦官暗害唐顺宗的事情。在去世前，刘禹锡给自己写了一篇自传文《子刘子自传》。他在这篇文章中仍然大胆说到唐顺宗禅位这件事，把矛头指向宦官。在朝中宦官势力仍然猖獗的情况下，刘禹锡表现出大义凛然的文士风骨。

刘禹锡说自己在朗州的时日是"弃置身"。在他眼中，被贬等同于被抛弃。那时候，没有人敢联系他。他最好的朋友令狐楚，也因为这件事情与他失联了。直到十四年后，他们才重新见面。那次见面，他们面对面坐着一直流泪。在朗州的时候，刘禹锡很少能收到来自外界的信。因此，当被贬朗州七年后，收到杜佑的信时，他非常激动。他反反复复地读着杜佑的信，一时间恍惚觉得自己回到了还在杜佑门下的那些时日。他给杜佑回信说："一自谪居，七悲秋气。越声长苦，听者谁哀？"涕泪横流、语无伦次，心中酸楚尽在其中。

在朗州的时候，刘禹锡的妻子去世了。对于妻子的去世，刘禹锡感到无比痛苦。但是，刘禹锡这个人，性格非常刚毅。对于所有的痛苦，他都采取了"全部吞下"的处理方式。他作了一篇《砥石赋》，形容自己人生所遇的挫折是因为"宝刀蒙垢"。意思是说：我本是一把宝刀，但被尘世的污垢给弄脏了。

刘禹锡在朗州写下了著名的《秋词二首》：

自古逢秋悲寂寥，我言秋日胜春朝。
晴空一鹤排云上，便引诗情到碧霄。

山明水净夜来霜，数树深红出浅黄。
试上高楼清入骨，岂知春色嗾（sǒu）人狂。

朗州的秋天，在刘禹锡的笔下充满生机。刘禹锡写朗州的秋天，不只在写秋天的景色，也在写一种傲骨和气节。终于，在许多人的努力下，在朗州待了九年多的刘禹锡，和被贬谪到永州的柳宗元，等来了起复回京的消息。两个人都非常高兴，收拾东西一起上路。他们不知道的是，在京城，一个更大的打击即将到来。

这一年冬天，刘禹锡到了长安后，非常想把流逝的时光补回来，他和柳宗元相约三月共赏长安牡丹。春天，他去了玄都观，写了一首诗："紫陌红尘拂面来，无人不道看花回。玄都观里桃千树，尽是刘郎去后栽。"唐宪宗读到这首诗后，非常生气。在唐朝人眼里，桃花并不是什么好花，不具有高尚的品格。刘禹锡的意思相当明了：他和柳宗元离开长安的这十年间，玄都观种遍妖桃。永贞革新失败以后，正义的臣子全都出朝，朝廷中尽是像桃花一样妖艳无格的奸臣。唐宪宗和宰相武元衡等人对刘禹锡"深恶之"。于是，刘禹锡和柳宗元被"明升暗降"，他们再次被外放，去了偏远的地方。

一开始，刘禹锡要被外放到很远的地方。但是柳宗元前去替他说了情，愿意跟刘禹锡交换外放之地，加上又有其他人替他们说情，于是，刘禹锡被贬到了连州，柳宗元则被贬到了柳州。在连州任上，刘禹锡一共待了五年。元和十五年（820）正月，唐宪宗被宦官杀害，唐穆宗李恒即位。这之后，又换了一朝皇帝，唐敬宗即位后，刘禹锡才得到复回洛阳的准许。

本来，这是一次能让事情转圜（huán）的机会。但是刘禹锡再度去了玄都观，又写下一首诗："百亩庭中半是苔，桃花净尽菜花开。种桃道士归何处？前度刘郎今又来！"而且，这次他还给诗加了个小序。小序有一百多字，大意为：最开始的时候，这个观中没有花木，我从朗州做司马回来后，人人都说这个观里有道士种的桃花。于是我写了首诗，结果又被外放。距离初次被贬已经十四年了，我再来游玩，发现这里一棵树都没了，只有兔葵、燕麦这些杂草。于是我又写了一首二十八字的诗，待以后来参观的人瞧瞧。

嘲讽之意溢于言表。

这个时候，唐宪宗已经去世，当初阻挠刘禹锡回京的武元衡也被刺杀。一切似乎已经是前尘往事了，但刘禹锡压抑不住心底的怨愤，仍然用冷嘲热讽傲视着他的政敌。这就导致他再次遭受非议，"人嘉其才而薄其行"。刘禹锡始终是刘禹锡，即使意识到可能还会再度迎来"二十三年弃置身"的遭遇，也没有放弃自己本来的样子。

刘禹锡对于故友的相继离世悲痛万分。他时常怀念王叔文，到死都想为他正名。但最让他伤感的，还是柳宗元的离去。刘禹锡和柳宗元，在精神的领域中，高度依赖着对方。他们这辈子，彼此唱和之诗不少，关于深邃哲学话题的讨论也很多。

元和十年至元和十四年（815—819），刘禹锡与柳宗元分别谪居连州与柳州。与此前分别贬居朗州与永州时一样，两人频繁通信。他们常在诗中开玩笑，表现出了强大的乐观精神。其中有些诗甚至令人难以相信创作于贬谪期间。

元和十四年，刘禹锡年近九十的老母亲去世。经历多重流离之苦的刘禹锡，在扶着母亲的棺木回乡的时候，又收到柳宗元去世的消息。

柳宗元英年早逝，当时只有四十六岁。对于这样的双重打击，刘禹锡无法接受。他一改平日的庄重斯文，惊号恸哭，如得狂病。也是在这一时期，他写下悲号难制的《祭柳员外文》，还创作了《重至衡阳伤柳仪曹并引》这首诗，将自己沉重的哀思托于诗文当中。在诗中，刘禹锡称柳宗元为"故人"。

"故人"这个词，对刘禹锡来说异常珍贵。在《祭韩吏部文》中，他也只是尊称韩愈为"夫子"。在刘禹锡心目中，柳宗元是唯一与他心心相印、生死相依的"故人"。

柳宗元生前，在衡阳和刘禹锡握别的时候，说过："皇恩若许归田去，晚岁当为邻舍翁。"大意是说：如果哪一天皇恩浩荡，能让我们两个人回去，到时候咱们两个老头，可一定要做邻居啊！

然而，现实是残酷的，当初相约携手同归的两个人，如今只剩下了一个。想起这些，刘禹锡肝肠寸断。

柳宗元在去世之前，把自己的文稿托付给了刘禹锡。刘禹锡谪守夔州（今重庆市奉节县）期间，为柳宗元编辑了文集。在这个过程中，刘禹锡特别思念柳宗元，不时为这位英年早逝的亡友扼腕叹息，并且写下《伤愚溪三首（并引）》三首诗。

愚溪是柳宗元曾经在永州居住的地方。柳宗元死后第三年，有个僧人去了趟永州，回来后告诉刘禹锡，愚溪再也不是当年的样子了。刘禹锡闻言悲不能制，立即泪崩。

柳宗元去世后，刘禹锡再也没有遇到过这样声气相投、心息相通，在精神上高度依赖的朋友了。

从永贞革新失败以来，刘禹锡反反复复思考过自己人生落入破败境地的因由。对他有过误会的韩愈说过一句话："夫为史者，不有人祸，则有天刑。"韩愈和白居易一样，将刘禹锡的崎岖坎坷归于命。

刘禹锡并不这么认为，他写了一篇《天论》。他认为，人与天之间，是平等的关系。天，也就是自然，的确很大，而人很渺小。自然能做到的事情，人有时候做不到。但是，人能做到的事情，自然有时候也无法完成。自然与人互有长短，互为消长。刘禹锡看待世界和宇宙的方式、对自己命运的理解，是深刻且深邃的。也正是在这样的哲学思考中，刘禹锡释怀了。

在《西塞山怀古》中，刘禹锡也表达过类似的观念："人世几回伤往事，山形依旧枕寒流。"作为一位思想家和哲学家，刘禹锡的心灵世界纯粹而通达。他在逆境中真正做到了"心不为形役"。他的心博大且光明，超脱了痛苦，对于得失、生死，也都释怀了。

曾经的刘禹锡，在巴山楚水之间蹉跎了岁月。人世间，许多重要的故人，相继离开。生死之间像是隔着一道门，自己像"烂柯人"一样，迷茫惘然，对人生有着太多的错愕和不解。漫长的旅程，生死相隔的故人，似乎让刘禹锡看透了很多事。所以他有"沉舟侧畔千帆过，病树前头万木春"的吟唱。

在生死面前，刘禹锡已经明了岁月匆忙、生命渺小、生死无奈。他接受了人生的起伏、生命的荣枯，内心涌起了生生不息的力量。

十

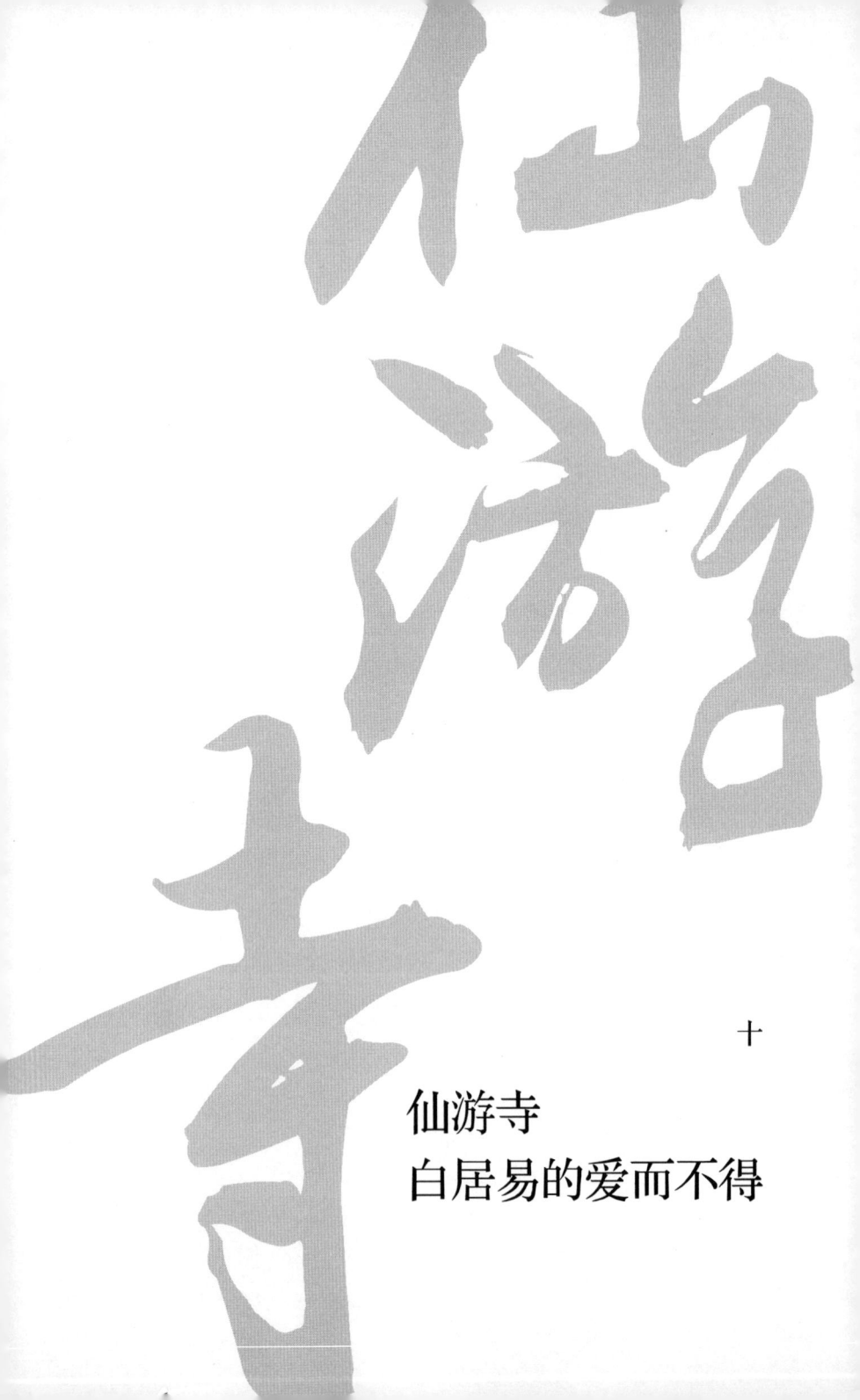

仙游寺
白居易的爱而不得

永贞元年（805），是大动荡的一年。

这一年，与白居易同龄的刘禹锡被贬往朗州，比白居易小一岁的柳宗元被贬往永州，担任校书郎的白居易没有受到太大影响。元和元年（806），太上皇唐顺宗驾崩后，白居易被授官为盩厔（zhōu zhì）县尉。盩厔，在今天的陕西省西安市周至县。

这一天，白居易迎来了两个朋友——陈鸿和王质夫。三人相约同去仙游寺。

这座寺庙是隋文帝所建，最早的时候叫仙游宫。这里流传着秦穆公之女弄玉与萧史的爱情故事。相传，春秋的时候，秦穆公有个小女儿，名叫弄玉。她非常爱音乐，喜欢吹箫。有一天晚上，她梦见一位同样善于吹箫的俊俏少年，而且少年想要和她结婚。梦醒之后，她把这个梦告诉了父亲。秦穆公根据女儿的描述，派人到处找寻梦中的男子。终于，在华山的明星岩下找到了他。当时，他一身仙气，正在吹箫。这个人，名叫萧史。使者把他引入宫中，让他和弄玉成了亲。两人婚后的感情非常好。有天晚上，两个人在月下吹箫，引来了紫凤和赤龙。这时，萧史将自己的秘密说与弄玉：自己本是天上的仙人，因为和弄玉有缘，才以箫声做桥梁，让两人走到了一起。但是现在，紫凤和赤龙找到了自己，要将自己带回天上。最后，萧史乘龙、弄玉跨凤，双双腾空而去。秦穆公派人追赶，直至华山中峰仍未见人影，便在明星岩下建祠纪念。

仙游寺是唐朝人非常喜欢去的地方，留存着许多文人佳话。加上萧史、弄玉的神秘传说，这里又多了一点浪漫的梦幻色彩。白居易也在仙游寺的短期旅行中萌生了创作《长恨歌》的想法。与白居易同游的两个人中，王质夫相当于《长恨歌》的策划人。他在酒席上提议白居易写一首《长恨歌》，让唐玄宗、杨贵妃的历史故事能够传播得更远。王质夫认为，白居易很会写诗，又是一个非常多情的人，由他来写这首诗歌再好不过。

谈到《长恨歌》，大多数人首先会认为它是诗。但本质上，它属于"歌行"的体裁。"歌行"，具有一定的音乐属性。王质夫认为，有了音乐的帮助，唐玄宗、杨贵妃的爱情故事会流传得更广。他的这一预判完全没错。四十年后，在白居易去世的时候，唐宣宗亲自为他题诗，里面提到《长恨歌》的流行程度是："童子解吟《长恨》曲，胡儿能唱《琵琶》篇。"也就是说，《长恨歌》和《琵琶行》，是东西南北各地小朋友都会唱的。

白居易是一个"多于情者"。这里的"多情"，并不是风流放纵的意思，而是说白居易是一位对社会、人生抱有一片赤诚和满腔热忱的性情中人。白居易有一首诗是这么写的："莫悲金谷园中月，莫叹天津桥上春。若学多情寻往事，人间何处不伤神？"这是在说，历史上的洛阳曾有两大景观：西晋金谷园、隋代天津桥。到了唐朝，这些景象已经繁华落尽、好事成空。如若伤感地追寻，只能落入世事无常、沧海瞬变的无奈和憾恨。白居易要表达的，就是这种对于无情宇宙的多情。

"人世几回伤往事，山形依旧枕寒流""旧时王谢堂前燕，飞入寻常百姓家"（刘禹锡），其实都是在讲"无情"——时空的无情，宇宙的无情。而白居易想在这无情的时空中，留下一种有情，于是也就有了《长恨歌》。长恨，不是痛恨，而是憾恨。或者说，是一种难以斩断的、缠绵缱绻的情感。

汉皇重色思倾国，御宇多年求不得。
杨家有女初长成，养在深闺人未识。
天生丽质难自弃，一朝选在君王侧。
回眸一笑百媚生，六宫粉黛无颜色。
春寒赐浴华清池，温泉水滑洗凝脂。
侍儿扶起娇无力，始是新承恩泽时。
云鬓花颜金步摇，芙蓉帐暖度春宵。
春宵苦短日高起，从此君王不早朝。
承欢侍宴无闲暇，春从春游夜专夜。

后宫佳丽三千人，三千宠爱在一身。
金屋妆成娇侍夜，玉楼宴罢醉和春。
姊妹弟兄皆列土，可怜光彩生门户。
遂令天下父母心，不重生男重生女。
骊宫高处入青云，仙乐风飘处处闻。
缓歌慢舞凝丝竹，尽日君王看不足。
渔阳鼙鼓动地来，惊破霓裳羽衣曲。
九重城阙烟尘生，千乘万骑西南行。
翠华摇摇行复止，西出都门百余里。
六军不发无奈何，宛转蛾眉马前死。
花钿委地无人收，翠翘金雀玉搔头。
君王掩面救不得，回看血泪相和流。
黄埃散漫风萧索，云栈萦纡登剑阁。
峨嵋山下少人行，旌旗无光日色薄。
蜀江水碧蜀山青，圣主朝朝暮暮情。
行宫见月伤心色，夜雨闻铃肠断声。
天旋地转回龙驭，到此踌躇不能去。
马嵬坡下泥土中，不见玉颜空死处。
君臣相顾尽沾衣，东望都门信马归。
归来池苑皆依旧，太液芙蓉未央柳。
芙蓉如面柳如眉，对此如何不泪垂？
春风桃李花开日，秋雨梧桐叶落时。

西宫南内多秋草,落叶满阶红不扫。
　　梨园弟子白发新,椒房阿监青娥老。
　　夕殿萤飞思悄然,孤灯挑尽未成眠。
　　迟迟钟鼓初长夜,耿耿星河欲曙天。
　　鸳鸯瓦冷霜华重,翡翠衾寒谁与共?
　　悠悠生死别经年,魂魄不曾来入梦。
临邛(qióng)道士鸿都客,能以精诚致魂魄。
　　为感君王辗转思,遂教方士殷勤觅。
　　排空驭气奔如电,升天入地求之遍。
　　上穷碧落下黄泉,两处茫茫皆不见。
　　忽闻海上有仙山,山在虚无缥缈间。
　　楼阁玲珑五云起,其中绰约多仙子。
　　中有一人字太真,雪肤花貌参差是。
金阙西厢叩玉扃(jiōng),转教小玉报双成。
　　闻道汉家天子使,九华帐里梦魂惊。
　　揽衣推枕起徘徊,珠箔银屏迤逦开。
　　云鬓半偏新睡觉,花冠不整下堂来。
　　风吹仙袂飘飘举,犹似霓裳羽衣舞。
　　玉容寂寞泪阑干,梨花一枝春带雨。
　　含情凝睇谢君王,一别音容两渺茫。
　　昭阳殿里恩爱绝,蓬莱宫中日月长。
　　回头下望人寰处,不见长安见尘雾。

惟将旧物表深情，钿合金钗寄将去。
钗留一股合一扇，钗擘黄金合分钿。
但教心似金钿坚，天上人间会相见。
临别殷勤重寄词，词中有誓两心知。
七月七日长生殿，夜半无人私语时。
在天愿作比翼鸟，在地愿为连理枝。
天长地久有时尽，此恨绵绵无绝期。

《长恨歌》的前半部分，是历史批判，但是批判中似乎夹杂着一种调侃的味道。而且，白居易在这部分借鉴了宫体诗的写法。宫体诗是南朝时的流行诗体，在唐朝人眼中，它是淫靡的，内容不外乎男欢女爱和女子体态。初唐时，宫体诗这种"淫靡"的诗歌体裁，基本被定性为亡国之音。

白居易用宫体诗的笔法创作歌行，着实让人感到吃惊。历史上很少有诗人会去描写杨贵妃刚洗完澡的样子。但是白居易选取了杨贵妃华清池出浴的场景入诗，并且写得非常香艳。这对唐玄宗、杨贵妃来说是一种莫大的嘲讽。

《长恨歌》中很多内容都是如此，在唐玄宗专宠杨贵妃的笔墨之下隐藏着深深的讽刺意味。唐玄宗、杨贵妃的误国，是当时人的共识。白居易一句"姊妹弟兄皆列土，可怜光彩生门户。遂令天下父母心，不重生男重生女"，更是把杨氏家族对当时朝政的危害，写得入木三分。

《长恨歌》中的"贵妃之死"是一个宏大的场面，像是用空镜处理的电影镜头。这个画面的背景中，乌泱泱的叛军滚滚而来，唐玄宗带着臣子和妃嫔仓皇逃窜。而这支队伍行进至半路的时候停下了——六军发动了一场政变，杨贵妃被要求处死。于是，"花钿委地无人收，翠翘金雀玉搔头。君王掩面救不得，回看血泪相和流"。花钿、翠翘、金雀钗、玉搔头，这些都是杨贵妃的首饰。首饰掉在了地上，无人收拾。一代名妃就此香消玉殒。

当时，写唐玄宗和杨贵妃爱情故事的人有很多。白居易的好朋友元稹就写过《连昌宫词》，以历史批判为基调，将杨贵妃定性成了红颜祸水。元稹认为她取代了姚崇、宋璟两位贤相操纵朝政，而且将她认安禄山做义子的丑闻也写进诗中。

白居易的写作方式和元稹是不一样的。他的批判没有这么直接，而是以宫体诗的形式留给读者品味的空间。很多历史故事，白居易没有涉及。他并不是要为帝王避讳，而是因为他这首歌的重点不在叙事，而是在抒情。他要借唐玄宗、杨贵妃的爱情故事，悼念自己的爱情故事。

仙游寺的爱情传说，和唐玄宗、杨贵妃的爱情故事，同时触动了白居易的心弦。所以他在创作《长恨歌》的时候，写着写着，不自觉地把自己也写了进去。《长恨歌》的后半段，嘲讽淡去。白居易进入了唐玄宗的感情世界，将一代君王变成一个失去爱人的普通男子。这个视角转换十分独特，在当时，没有人会从普通人的角度去写唐玄宗。

在白居易的笔下,唐玄宗终于回到都城长安,回到自己的宫殿里。一切如旧,但没有了杨贵妃。春去秋来,四季一闪而过,人也在随之老去。在夜长昼短、瓦冷霜重的秋夜里,再也没有杨贵妃的陪伴,唐玄宗感到寒冷而孤独。但是,生死相隔多年,他竟然没有梦到过杨贵妃。他想,大概是杨贵妃的怨恨还在,所以她的魂魄不愿意进入自己的梦吧。

白居易把唐玄宗的思念写得如此深刻入骨,或许与他自己痛苦的爱情经历有关。

大约在唐德宗贞元六年(790),白居易十八岁,在父亲的任所符离县(治所在今安徽省宿州市埇桥区符离镇)居住。邻居家有一个比他小四岁的少女,名叫湘灵。白居易对她产生了深厚的感情。他曾写过一首《长相思》,里面有他写给湘灵的誓言:"愿作深山木,枝枝连理生。"这句诗,就是《长恨歌》中"在天愿作比翼鸟,在地愿为连理枝"的前身。

湘灵家的地位很低,而且相当贫穷。而白居易的母亲门第观念很重,不允许他们结婚。贞元十六年(800)初,白居易二十八岁,考上进士,回到符离县住了近十个月。他恳切向母亲要求与湘灵结婚,但是又被母亲拒绝。白居易怀着极其痛苦的心情离开家,并且写下一首叫作《生离别》的诗。当时的白居易,未到三十岁就已生出白发,相思之苦,可见一斑。

白居易中进士以后,在长安做了校书郎,需要举家迁至长安。他再次苦求母亲允许他和湘灵结婚。但在儿女婚姻问题上有着至高权威的母亲,不但再次拒绝了他的要求,而且在全家迁离之时,禁止他们见面。白居易只能在搬家完毕、临走前才悄悄去和湘灵告了别。因为担心惊动他人,见面的时候,两人既不敢说话,也不敢哭泣。极度压抑的痛苦和愁闷尽数体现在《潜别离》中:"深笼夜锁独栖鸟,利剑春断连理枝……唯有潜离与暗别,彼此甘心无后期。"这首诗和《长恨歌》的结尾处有着相似的地方,真是"此恨绵绵无绝期"。

元和元年(806),白居易三十四岁,出京做了县尉,不再担任校书郎。这时候他仍然没有成婚。白居易似乎在以这样的方式对抗母亲。他怀念着湘灵,为她写了许多首诗。在仙游寺,陈鸿、王质夫在滔滔不绝地讲唐玄宗、杨贵妃的故事,白居易可能并不感兴趣。别人在谈历史旧事,而他的心里,或许只有湘灵。

元和三年(808)末,三十六岁的白居易做了左拾遗,仍然孑然一身。这一年,母亲对白居易的婚事以死相逼,白居易终于做出让步。经人介绍,他与一位杨姓同僚的妹妹结了婚。白居易和杨氏夫人关系并不坏,但他仍然时时怀念湘灵。

元和十年(815),白居易被贬为江州司马。在贬谪途中,大概是天意怜人,白居易竟然遇到了湘灵。经年分隔,年少时九曲柔肠的痴恋,和多年的别恨顿时历历在目,白居易与湘灵抱头痛哭一场。白居易又写了一首诗,题目叫《逢旧》。此时他已经四十三岁，湘灵也快要四十岁了，却依然遵守着当初的诺言，没有出嫁。两人匆匆相逢，又各自离开。

第二年夏天，白居易在翻晒衣物时，把十八年前湘灵送他的一双鞋子翻了出来。鞋子早就已经旧了，但是白居易仍然欣喜，于是写了一首《感情》："自吾谪江郡，漂荡三千里。为感长情人，提携同到此。"在漫长的漂泊生涯中，还有像这双鞋子一样的、满载长情的物件陪伴左右，白居易感到莫大的安慰。

后来，白居易从杭州刺史任上返回洛阳。途中，他绕道去了符离县，想看看湘灵。但是，这个地方早已是"变换旧村邻"。湘灵已经搬家，不知去向。这场长达三十五年的恋情，最终以二人的失散收场。

白居易写作《长恨歌》的时候只有三十多岁，正是感情上最痛苦的时候。虽然白居易并不一定要以《长恨歌》"借他人之酒杯，浇自己之块垒"（明李贽语），但那些压抑在心底的爱情心事，应该影响到了创作的逻辑。对于批判唐玄宗历史功过这件事情，白居易似乎兴趣不大。他更为关注唐玄宗独自回到宫殿后满眼再无杨贵妃的场景。

唐玄宗最后做了太上皇，失去权柄，孤独死去。再过一些年头，这个宫殿里就该充斥着"白头宫女在，闲坐说玄宗"的闲聊场景了。按理来说，白居易的《长恨歌》写到唐玄宗去世的时候也该结束了。但是，白居易替唐玄宗和杨贵妃搭建了另外一个时空。这个时空里，在道士的帮助下，唐玄宗与杨贵妃的魂魄终于相见、相约。或许，白居易也是在给自己那无望的爱情写下一种寄托吧。

在诗中，道士作法，带着唐玄宗上天入地，到处找寻杨贵妃。他们去往一座海上仙山，这个地方有很多仙子，其中有一个雪肤花貌的，字太真。太真，也是杨贵妃生前的道号。她本是唐玄宗儿子寿王李瑁的妃子，被唐玄宗看上之后，先是冠以宫中女道的身份，之后才正式成了唐玄宗的妃子。

这个仙山神女太真，其实就是杨贵妃。唐玄宗和杨贵妃在虚幻的仙境中，终于魂魄相见。在分别之前，杨贵妃对唐玄宗许下海誓山盟："昭阳殿里恩爱绝，蓬莱宫中日月长。"昭阳殿，是杨贵妃生前居住的宫殿。蓬莱宫，是她死后化为仙子所居之处。她告诉唐玄宗，发生在人间的前尘往事，像是被尘雾"遮天蔽日"，已经看不到了。但是蓬莱宫是一个永恒的地方，两个人的爱情也将在这里永存。为了让自己的承诺显得更为郑重和真实，杨贵妃送给唐玄宗一个旧物——钿合金钗，并且期待唐玄宗"心似金钿坚"。回望杨贵妃身死的时候，她的满头珠翠掉进血污，没人收拾，是"花钿委地无人收，翠翘金雀玉搔头"。那象征着两人情比金坚的金钗，在动乱中，和血、泪埋葬在了一起，又在仙境中见证了两人的重新结合，真是让人唏嘘。

唐玄宗、杨贵妃二人最终立下了"在天愿作比翼鸟，在地愿为连理枝"的誓言，这或许是对当年乞巧节誓言的重复。对于这样的誓言，白居易的态度耐人寻味。"天长地久有时尽，此恨绵绵无绝期"——哪怕天地都到了终了之日，这种憾恨都不会有断绝之时。在白居易的心中，蓬莱宫里并不会存在什么天长地久，只有对美好爱情无可挽回的可痛与可惜。

后来，与白居易同游仙游寺的陈鸿，在白居易《长恨歌》的基础上创作了《长恨歌传》。这部传奇，在主题上与白居易的《长恨歌》非常相似。前半段直言不讳地将唐玄宗的昏庸好色写了出来，后半部分转而描写唐玄宗、杨贵妃二人天上人间、生死不渝的相思。

这部分的唐玄宗，像白居易《长恨歌》后半部分的唐玄宗一样，已经不再是荒政贪色的帝王，杨贵妃也不再是乖巧逢迎的贵妃。他们只是一对拥有刻骨铭心爱情的恋人，像人间无数有情人一样。

十一

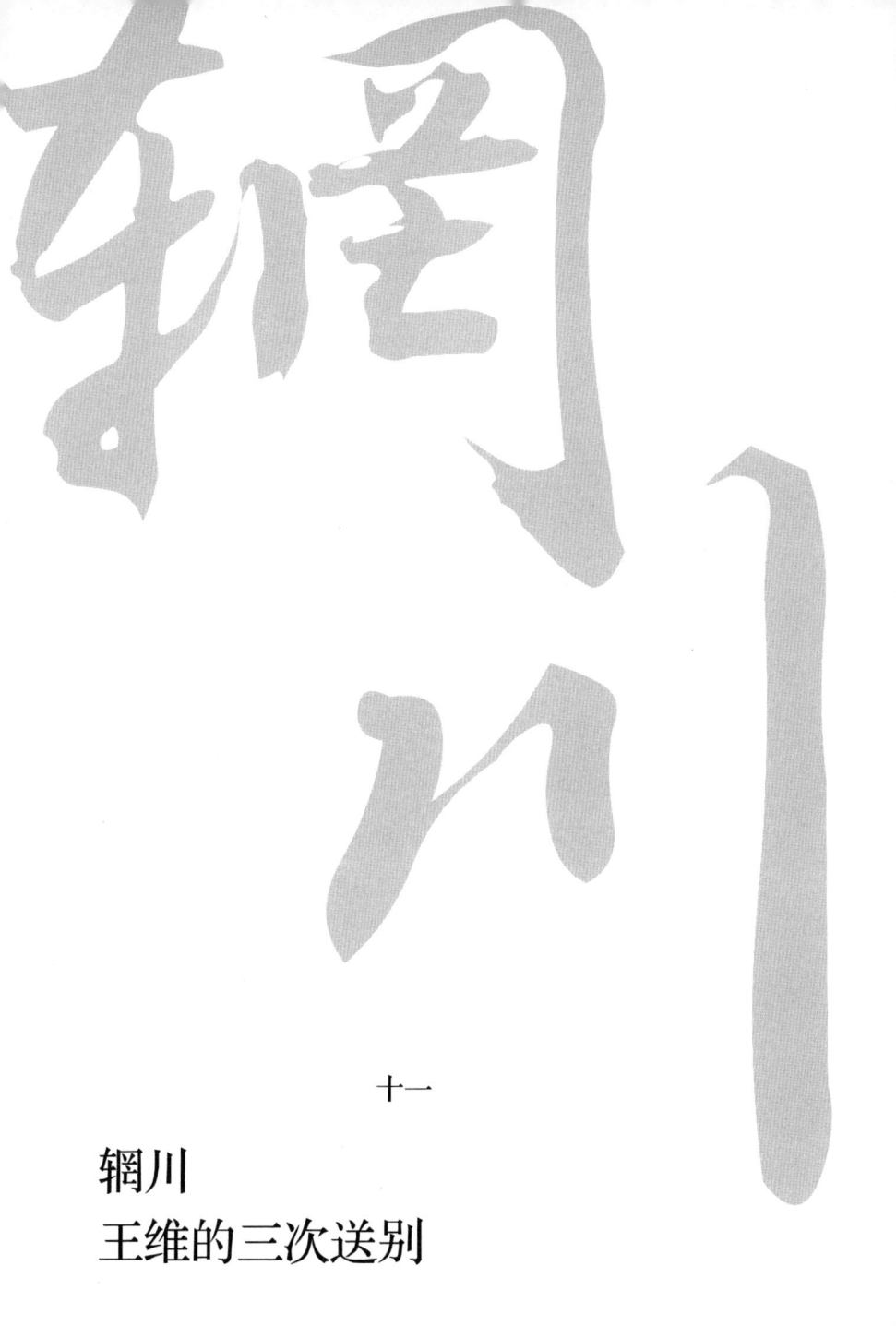

辋川
王维的三次送别

有一年春天，科举放榜之后，王维送别一个叫綦（qí）毋潜的年轻人。綦毋潜科举落第，要返回江南老家。

虽然，科举场上的胜负，王维每年不知道要看到多少，但对綦毋潜，他还是有着不一样的爱护之心。王维是一个情感特别细腻的人，替綦毋潜想了很多，像是一个宽厚温柔的兄长，又像是一个洞穿一切情绪的知己。

从长安到江南，路途遥远。看着綦毋潜落魄的样子，王维很想好好安慰他，于是写下了《送綦毋潜落第还乡》这首诗：

圣代无隐者，英灵尽来归。
遂令东山客，不得顾采薇。
既至君门远，孰云吾道非。
江淮度寒食，京洛缝春衣。
置酒临长道，同心与我违。
行当浮桂棹，未几拂荆扉。

远树带行客，孤城当落晖。

吾谋适不用，勿谓知音稀。

王维首先让綦毋潜相信，这是一个好的时代，不必对时代有怨。他说：这个圣明的时代，没有躲在一边的隐士，而都是愿意来加入时代建设的英俊灵秀的贤才。这个时代是积极向上的，让那些像东山隐客般的人，都顾不上采薇。王维为什么要这么说呢？这句话除了是安抚綦毋潜，也是暗含他对綦毋潜的赞扬，赞扬他有着高洁的隐者之心。

綦毋潜参加科举，不想辜负这个大好时代，希望有所作为。但是失败之后，难免会怀疑自己的选择——我是不是不该来呢？王维在诗中替綦毋潜做出了回答：既然已经远至君门，选择了这场考试，那谁能说这样的选择是错的呢？这是在劝慰綦毋潜不要因自己的选择而后悔。落第的原因只是因为"吾谋适不用，勿谓知音稀"，没有碰上合适的时机，计谋没有得到采用，并不能说这世上知音太稀少。

綦毋潜听到了这样的话，不至于怨世，也不至于在失败后从此消沉。这样的劝慰，真的是温柔敦厚。王维的温柔还在于，他能理解綦毋潜内心的遗憾和难过。秋去春来，綦毋潜来到长安已经一年了，在这个放榜的春天里，那些考中进士的人，是春风得意。而綦毋潜感受到的，只有春寒料峭。

时间过往，不知不觉，而自己一事无成，在这个都城里飘飘荡荡。于是王维写下了两句看似琐屑的闲笔："江淮度寒食，京洛缝春衣。"这两句诗表面看上去不知道在说什么，其实王维是在通过时间、节令，和綦毋潜一起品尝落第的苦味，分担在时光流逝面前的怅惘。王维把自己对綦毋潜落第的体谅，以一种非常温柔的方式，传递给了綦毋潜。

原本，诗写到这里，情感似乎已经表达得很圆满了。但是，诗人仿佛还有些放心不下的东西。于是，他还在诗里写了对綦毋潜还乡行程的想象，想着他一路坐着船，经过远方的树林，经过孤城的落日余晖，很快就到家了。为什么要写这些呢？王维要给綦毋潜传递一种鼓励：你这一路上，不是一个人回去的，你的身后，一直有一双关心你的眼睛，在一路目送你安全到家。这是王维在祝福綦毋潜一路平安顺利，也是在安慰他：你不是孤单的，不要因为偶然的命运挫折而消沉，你的身后，站着知音。

王维在送别綦毋潜的时候，一定也想到了自己从山西来到京城赶考的岁月，想到了那时候经历的种种不易。王维于长安元年（701）出生在蒲州（今山西省永济市），于开元九年（721）进士中第。中第的这一年，王维只有二十岁。从参加考试到考上进士，王维这一路并不容易。他十四岁到京城应试，少年时代的数年漂泊，让他体验了"独在异乡为异客，每逢佳节倍思亲"。这个过程中，王维也感受过少小离家的痛苦，因此能对失败、失利的人，如綦毋潜，报以同理心。

幸运的是，綦毋潜后来再度参加科举考试，终于得中进士，而且也成了盛唐山水田园诗派的代表诗人之一。綦毋潜后来的人生能相对顺遂起来，是否和王维的这番劝慰有关呢？或许是有的。落第还乡这样的旅行，是颓丧的，王维却给他送去了一种绵绵不绝的力量，一种相信世上终有知音的信仰。这种精神力量，异常珍贵。

又是一个春天，一个适合远行的季节。王维这一天要去送别的，是一位叫元二的朋友。二，是他在兄弟中的排行。这场送别中，他写下了《送元二使安西》：

渭城朝雨浥轻尘，客舍青青柳色新。
劝君更尽一杯酒，西出阳关无故人。

在正式告别的日子，王维走在春天清晨的微风里，他闻到了一丝泥土的味道。哦，原来是渭城这座城市刚刚下过春雨，客舍旁边的柳树，已经开始长出嫩芽。又是一年春天来了，那么人生，会不会也有一个新的开始呢？

王维与元二之间，即将有一场壮行。元二要去的西域，是一个建功立业的地方，他可能要奔赴一项前途远大的事业。王维对着元二，端起了送行的酒，似乎说了一些调侃的话——你就多喝一杯吧，你去了西域，出了阳关，就没有我们这些老朋友陪你喝了。元二也笑着把酒喝完。

但是,送别的气氛真的会这样轻松吗?

在古代,诗和乐在一些情况下相互关联。诗句中提到的"渭城"与《渭城曲》之间就有一些微妙的关联。《渭城曲》又叫《阳关三叠》,是有名的断肠曲,非常悲凉。

带着对《渭城曲》的印象进入王维送别元二的这首诗,我们就会发觉其间藏着一种担忧,担忧元二这一去,孤独常伴,且前途难料。在唐朝,有很多士人选择前往边疆立功。但是,这个选择生死难料,纵然能侥幸回来,也可能是一事无成。所以,在断肠声里唱《阳关三叠》,代表一种充满忧愁的离别。

古代交通不发达,离别的时间很漫长,产生的风险也很大,不知道什么时候能重逢,可能也就没有了重逢。也因此,古人向来重离别,认为离别带给人的伤痛仅次于死亡,正如李商隐说的"人世死前惟有别,春风争拟惜长条"。"春风争拟惜长条",是一种拟人的说法,是"折柳送别"之意。王维在送别元二的诗中提到的"柳色新",大概也是在怅惘、叹息离别在一年一度中反复发生吧。

王维又为什么会对元二说"西出阳关无故人"呢?因为王维了解边塞的景况。他是有过出塞经历的。

开元二十五年(737)三月,河西节度使崔希逸大破吐蕃。这一年夏天,王维以监察御史的身份被遣至边境慰劳将士,这是王维生平第一次出塞。慰边的任务结束后,王维又在河西兼任节度判官。这样的边塞经历带给了王维不一样的人生色彩，因而他明白，元二到了茫茫大漠之后，要品味的是全新的人生滋味。在与元二的这种壮行场合里，他不是一味地在壮行。他知道前方的命运是未知的、无常的，因此在送别的诗歌中掩藏了许多含而未露的感情。

王维也曾反复咀嚼自己人生的滋味，他品尝出来的滋味很丰富。在人生前进的道路上，他也曾形单影只地踏上仕途，在一个大大的世界里摸爬滚打。他在诗中低吟的那句"一生几许伤心事"，源于他经历过的所有悲欢离合。

二十岁出头的时候，王维刚刚中了进士不久，命运就给了他一记响亮的耳光。王维时任太乐丞，他管理的乐工队伍中，伶人不慎私自表演了黄狮舞。这件事情牵涉到敏感的皇位问题，关系着皇权的尊严。在唐朝的典礼律令中，有一条就规定黄狮舞只能为皇帝表演。这件事又被观看的好事者添油加醋地渲染一番，报告给了朝廷。王维由此受到牵连，被贬到济州（治所在今山东省聊城市茌平区境内）。

由于正史没有记载这件事，也有人怀疑这不过是唐玄宗贬谪王维的一个借口。王维到了济州之后，具体担任的官职不甚明晰。有人说是济州司仓参军，从其诗集中略可窥见其活动情况之一斑：他除了较长时间待在济州，还到过郑州、荥阳、滑州（今河南省安阳市滑县）等地。做的具体事务也不是很清楚，但大概也不外如他在《宿郑州》一诗中所说的

"穷边徇微禄"那样，到各处做小官罢了。

无论是送綦毋潜还是送元二，王维都是在借着自己所感来体谅他人。还有一场送别，王维从被送行者身上看到了自己。这场送别也被王维写在了诗中，这首诗就叫《送别》：

下马饮君酒，问君何所之。
君言不得意，归卧南山陲。
但去莫复问，白云无尽时。

这是一个二人偶遇的场景，诗中只有三句对白。诗人下马赠酒，关切地询问所遇友人要去往何方。这个朋友说自己人生不得意，要归隐到终南山。在穷达与升沉无定的人生岁月里，他选择了放弃与退隐。而心中的愤懑不平，并没有因为这样的放弃而平息。他显然受到了命运的伤害，所以告诉诗人"莫复问"，翻译成白话文就是"你不要问了，真的不要问了"，无奈之意溢于言表。这位失意的友人，希望自己可以默默离开。"白云无尽时"，则是他发出的一声悲愤悠长的叹息。他的去志之坚，以及对人生"不得意"的愤慨与报复，全都在这句诗中了。

王维在这首诗的场景中，始终居于一个配角的位置，从表面上看，他只是个记录者。而实际上，从下马饮酒开始，关切的询问已经消弭了他配角的身份。王维对友人的"所之"之处极为关心,而且在知道其归隐的决定后,还想再问,但最终被友人的"莫复问"阻挠了。王维的情感在这种阻挠下,向内压抑。他的满腔困惑和同情,没有头绪,无处可发,心中也存续着淡淡的苦涩。

"白云无尽时"这声叹息,不仅是友人独自发出的,而是他们共同的慨叹。这种平淡的叙述,是诗人对友人遭遇的同情、安慰,也透露着对友人今后人生的祝福。归隐并不代表消沉,离去也许反而是解脱。这场送别,是诗人与友人一起,对友人过去生活的挥手告别。所以诗的结尾,复杂含混,有悲伤无尽、遗憾深深,同时也仿佛有一抹投向远方的眼神,意味深长。

王维在这首诗里,没有提及送别的是什么人。它没有固定的指向,好像是在说所有人。王维作为诗的作者,他自己的人生,既可以代入送别者的角度,也可以代入被送别的位置。

王维的人生看似很顺利,但归隐之心一直存在于他心中。安史之乱以前,王维结交了许多上层权贵。《旧唐书》记载:天宝十四载(755),王维当上了给事中(正五品上),事业如日中天,他不仅具有较高的政治地位,更凭借自己的才华享有很高的文学声望。但王维不仅想归隐,而且想去往空门佛地。晚年的时候,他这么总结自己:"一生几许伤心事,不向空门何处销。"像王维这样的人,是难以因为一人一事沉积难返的。

他的伤心事，或许从开元年间就陆续在发生了。仕途挫折、亲人离世、安史之乱的时代巨变、担任伪职……这些事情的叠加，将王维推向了伤心处。

时间蹉跎，转眼间已经离"舞黄狮"的事情过去了很多年。开元二十一年到开元二十二年（733—734），王维重新回到了长安。这时他已三十多岁。他这次能够回长安做京官，主要是由于张九龄的提拔。

王维非常钦慕张九龄这位硬骨宰相。开元二十三年（735），张九龄封始兴县伯。王维拜右拾遗后所作的《献始兴公》，就表达了对张九龄的认同。诗中说自己可以"不食粱肉""布褐白头"，之所以想要出力，是希望能够为国家效力。他标榜张九龄"不卖公器""为苍生谋"的政绩，更请求张九龄一定要从公正的择人标准出发，不要因私人交情而起用他。

正当王维有机会跟随张九龄这样的一代名相做一番事业的时候，张九龄在朝廷中被排挤了，一贬再贬。在李林甫的排挤下，开元二十四年（736）十一月，张九龄罢知政事。开元二十五年（737）四月，张九龄又被贬为荆州大都督府长史。一般来说，安史之乱是唐朝盛衰的分水岭，实际上，盛衰的转变契机早在开元盛世时张九龄见放、李林甫得势时就伏下了。张九龄被逐，不仅是他个人政治生活的结束，同时也标志着李唐王朝在隋末农民运动推动下所产生的开明政治的结束。在那个时代，腐化贵族的政治势力变得越来越强大，政治变得越来越黑暗。正直人士受到打击，成了再常见不过的事。

王维的政治主张趋近张九龄，而且还受到张九龄的器重和提拔。因此，当张九龄在政治上受到排挤后，王维的日子也不好过。王维刚刚涌现出来的政治热情，重新冷了下去。他所固有的逃避现实的消极思想和人生态度得到了进一步发展，他急于退出政治舞台，归隐到山林中去。后来他在《酬张少府》这首诗中写下的无奈之笔"自顾无长策，空知返旧林"，或许可以看作这个时期的他之心绪的最好注解。

再次回到《送别》这首诗里，且问：王维送别的仅仅是友人吗？好像不是，他更像是在说他自己。从送别綦毋潜时的温柔敦厚，到送别元二时的忧喜参半，再到这次送别时的消极避世，这几首送别诗，呈现了不同的王维。我们从中似乎可以看到，王维正逐渐从这个纷乱的世间，把自己一点点"收回来"，收回到完全属于自己的那种状态。这时候他虽然有很多的不顺利，但还算挺得过去。王维只是说自己想要去那白云无尽的归隐之处，还没有到"不向空门何处销"的地步。

然而，王维在安史之乱中的屈辱经历，让他那种在隐逸与出仕之间摇摆的心情，成了一种奢侈的念头。安史之乱带来的灾难是不可磨灭的，当个人与这样重大的历史事件相遇时，不可避免地会受到裹挟，王维也不例外。

安史之乱爆发时，唐玄宗逃往四川。王维没有跟上大队人马，滞留在长安，被贼人擒获。安禄山让人将王维关押到洛阳，拘在菩提寺。为了不被贼人利用，王维吃了一些药，故意让自己患上了痢疾，伪称瘖（yīn）病。这一年，王维已经五十五岁了。得上这样的病，对他而言是有危险的。他每天忍受着疾病带来的痛苦，但这些痛苦，都比不上他心里的痛苦。

当时，发生了一件骇人听闻的事情。叛贼们在洛阳凝碧池大宴的时候，逼迫被他们俘虏的梨园弟子一百余人表演歌舞，庆祝他们的胜利。其中有个著名的乐工，叫雷海青。他铁骨铮铮，义正词严地拒绝了表演要求，并且拿着琵琶去击打叛贼，当即被斩于戏马殿，以身殉国。王维听说了这件事情后，非常难过，偷偷写下了一首诗："万户伤心生野烟，百官何日再朝天？秋槐叶落空宫里，凝碧池头奏管弦。"在这首诗中，王维思念故国，思念唐玄宗，万般无奈形于笔端。后来，王维也因为这首诗收获了一些幸运。这首诗和拒绝叛贼的行为，使王维得到了唐肃宗的谅解。唐肃宗理解了他接受伪官职位的不得已，没有怀疑他是叛徒。加上他弟弟王缙的求情，王维终于化险为夷。但是，这件事也是王维现实人生中的一场巨大变故，九死一生的经历对他的内心产生剧烈冲击。王维一定明白，即使朝廷不再深究，自己的政治清白也已经被玷污了。

乾元元年到上元二年（758—761），这三年中，王维的官衔越封越大。但回首一生，王维并不认为自己是成功的。他暮年感叹时光已逝，年华老去，"宿昔朱颜成暮齿，须臾白发变垂髫"，慨叹"一生几许伤心事"。这自然包括他在现实生活中所遇到的种种伤心，诸如丧友、丧母、丧妻等"别离"之痛，贬官被否定之痛，安史之乱中遭幽禁之痛，因"授伪官"使政治清白被玷污之痛，看到"尘网多违"众生颠倒错乱、各种造作之痛。

在去世前的一年，王维转任尚书右丞，这是他一生所任官职中最高的官阶，也是最后所任之职。上元二年（761）春天，王维那种想要去往"白云无尽时"之地的心情，仍然没有改变。他给皇帝写了《责躬荐弟表》，请求削去自己全部官职，放归田园，也希望以此换来弟弟王缙重返京师。

对于在安史之乱中经历的人生变故，王维此后在自己的诗里很少提到。这似乎成了王维人生中不愿意解开的一个伤疤。但是痛苦没有消散，只是被藏了起来，在不经意间也会悄悄流露，与送别友人时那些悄无声息的淡淡哀愁一样。

晚年的王维，居住在京郊的辋川别墅。他笃信佛事，致仕以后，焚香独坐，以禅诵为事。那样的悠长时光，一定就像他送别那位不知名的朋友一样，也是"白云无尽时"吧。

十二

月亮
李贺的梦天之旅

宁静的秋夜，微红的烛光摇曳着。一位身形单薄的年轻人坐在一旁，伏案写字。他时不时发出剧烈的咳嗽声，精神耗竭。这个年轻人就是李贺。

李贺"庞眉书客"的容貌与常人截然不同：通透的眉毛、高耸的鼻子、瘦弱如竹节的手指、修长的指甲，稀疏的头发在微弱的烛光下或隐或显。

李贺在他的诗中常自称为"宗孙""皇孙""诸王孙"。他究竟是哪位皇帝的后代呢？《旧唐书》和《新唐书》中的《李贺传》都只提到李贺"系出郑王后"，没有详细记录郑王的名字。但是到了李贺父亲这一代，盛况不再，家道也凋敝了。

李贺的父亲名叫李晋肃，博学多才，然而一生未居要职。他曾在西南蜀地担任"边上从事"，与著名诗人杜甫打过交道。李贺的出生对于李晋肃而言是"中年得子"，因为那时他已经年过四十。然而，李晋肃在六十岁左右就辞世了，那时的李贺还未迈入青年期。

父亲很宠爱李贺，给他从巴蜀地区买过一个奴仆，让他陪伴儿子。这个奴仆和李贺的感情非常好，李贺在诗里多次提到他，叫他"巴童"。巴童常常陪着李贺东奔西走，因为李贺多病，还要替他煎药。

除了巴童，在这个家里，李贺的亲人只剩母亲郑氏和弟弟了，唯一的姐姐已经出嫁。李贺常在深夜读书、写诗，郑氏一边支持着儿子写作，一边不由得为其担心。在旁人眼中，李贺是一个神童，六岁就会写诗，并以长短之歌名动京师。当时的大儒韩愈、皇甫湜（shí）对他也是啧啧称奇，还亲自登门造访，李贺则当场写下了《高轩过》等佳作。郑氏这时候还不知道，若干年后，自己儿子小时候的种种天赋，会被人们讲成神奇的传说。但是只有她最清楚，李贺所获得的一切天才之名，以及一切被编造出来的神童故事，都是他用刻苦读书的日日夜夜换来的。

李贺喜欢读佛经和《楚辞》。正如他后来诗里说的："《楞伽》堆案前，《楚辞》系肘后。"《楞伽》，就是《楞伽经》。《楚辞》，是非常重要的文学经典，其中有一部分是屈原的作品。屈原的作品充满了天马行空的想象，他想象自己骑着马去往昆仑，想象云中君在九州之上飞来飞去。所以，李贺虽然"宅"在家里，但他的世界一点儿都不小。他通过阅读和写作，拥有了比一般人丰富得多的青少年时代。

当然，李贺如此努力，也和现实情况有关。弟弟这时候还小,姐姐已经出嫁,李贺希望通过自己的勤学苦读来振兴家道。他写下过一些形容家里经济状况的诗句,说家里的马厩是破的,里面住着一匹老马,这样的马厩让他"弊厩惭老马"。他家的土地不多,还全是硬块,不适合耕种,所以他说"我在山上舍,一亩硗(qiāo)田"。

元和二年(807),李贺准备参加科举考试。他一路跋涉,离开老家昌谷,来到了洛阳。按照今天的算法,这一路只有不到一百公里,瘦弱的李贺却骑着他的毛驴走了很久。在洛阳,他仍然呕心沥血地读书、写作。

相传有一天,他骑着毛驴走在街上吟诗,想到好诗句时,就会掏出小本,舔一舔毛笔,写下来,然后放到自己的行囊里。在这样忘我的入神状态中,小毛驴撞上了韩愈的队伍。韩愈此时正以国子博士的身份分司东都,看到李贺这个年轻人非但没有生气,反而非常欣赏。

但这其实只是个传说而已,世上哪有那么多巧合呢?真实的情况,其实是李贺按照当时的进士行卷之风,带着自己的诗作去拜访了韩愈。恰逢韩愈工作疲惫,正准备休息,随手翻开门人送来的一卷诗,看到"黑云压城城欲摧,甲光向日金鳞开",马上就精神了。这两句诗正是出自李贺著名的《雁门太守行》。

韩愈觉得李贺是个人才,非常欣赏。两个人成了忘年交。韩愈为李贺进京考科举的事情没少出力,对他期待很高。元和五年（810），李贺参加了河南府试，考得不错，获得了到长安考进士的资格。

对于科举考试，李贺原本是有信心的。但是，进士科竞争很是激烈。有人想给李贺一个下马威，就拿他父亲的名讳做文章。以"晋肃"和"进士"谐音为由，认为李贺想考"进士"是大逆不道。这个说辞看似荒唐，李贺却因此被排斥在科举考试之外。韩愈知道这件事情之后非常气愤，专门为李贺写了一篇名为《讳辩》的文章。但没有奏效。这种莫名其妙的打击，让李贺无比失意，也加剧了他身体的损耗，他感到非常痛苦。正如他离开长安时在诗中所说的那样："我当二十不得意，一心愁谢如枯兰。"

过了一段时间，李贺再度进京求仕。按照唐朝的制度，知识分子的仕进除了应试这一途径，还可以由父荫得官。李贺以"宗孙"、荫子、仪状端正等条件，由宗人荐引，经过考试，被任命为奉礼郎（从九品上）。奉礼郎属于太常寺，主要执掌君臣版位，管着朝会祭祀的事情，是地位卑微的一个小官。李贺的志向抱负很高，这个工作和他的追求很不相称，他觉得自己人生的道路已经堵死了。因此他在赠给知心朋友陈商的诗里写下自己的悲哀，"长安有男儿，二十心已朽"。

李贺抱着满腔热忱来到长安，而现实生活对他的报答却是无情的。在长安，他最痛苦的回忆之一便是妻子的去世。关于李贺是否结过婚的问题，目前还有争议，但他曾写下一首《后园凿井歌》，被认为是悼念亡妻的诗：

> 井上辘轳床上转。
> 水声繁，弦声浅。
> 情若何？荀奉倩。
> 城头日，长向城头住。
> 一日作千年，不须流下去。

在这首诗中，他把自己比作痴情的荀奉倩，希望永远和妻子生活在一起。荀奉倩是三国时期的魏国人，妻子的不幸离世令他非常痛苦，他不久也因伤心过度而去世了。所以李贺会说："情若何？荀奉倩。"妻子的离去，使他意识到人生幸福的光阴是如此短暂，令人难以接受。

长安的现实生活，打破了李贺的幻想和迷梦。好在这个阶段，李贺有几个好朋友，让他始终能够坚持崇高的理想。他越来越清醒地注视人生，敏锐地观察社会，挥笔写下了许多反映现实的诗篇。这是他一生中创作最为丰产的时期。

元和七年（812）春，李贺抱着郁郁不得志的心情，辞去奉礼郎的官职，离开长安，返回了家乡昌谷（今河南省洛阳市宜阳县）。离开生活了三年的长安，李贺内心很不平静，但家乡的亲切冲淡了他内心的不平。李贺发现了很多过去忽略的美好。他在此期间写下了许多与家乡昌谷相关的诗。这里的景色很美，有翠竹、细柳、松柏、古桧等各种树木，也有紫蒲、芭蕉、蔷薇、香蔓等芬芳的花草。山水相映，鸟鸣喈喈。家乡的一切，都可以给予李贺极大的安慰。这是他人生中非常重要的一次休息。

刚到家的时候，李贺想要归卧家园，全身远祸。然而，国家处在多事之秋，忧国伤时的诗人不甘心"卧春风"的生活。李贺时常在竹林里徘徊，有一天，他来到昌谷的北园，看到了一些新长出来的竹子，于是心中一动，将自己种种不甘的情绪都融入了竹子的形象中。他喜欢竹子的高洁，"箨（tuò）落长竿削玉开"；他想象着竹子变成乐器的景象，"笛管新篁拔玉青"；他也想要像竹子一样快速成长，离开污浊的环境，"更容一夜抽千尺，别却池园数寸泥"。李贺将自己的人格与抱负都寄予竹身之上。

李贺在家里的生活充满诗意。春天，他会去田里，和佣工一起种瓜；夏天，他会驾着一叶小舟，到水中种菱丝；秋天，风吹过来，送来的是昌谷的稻花香；冬天，他会包上黑头巾，带着羽箭和桑弓去打猎。在呼啸的北风中，他看到的是关于春天的希望。他在北风中行走、射猎，饮酒时放歌悲吟。想起往事，他的心中充满悲愤，但是并不消沉。他仍在期待寒冬过后，明艳的春天就会来临。

在自由的昌谷，李贺的身心得到了稍许舒展。他身在家园，心存天下，情不自禁地抒发出为国效力的豪情来："男儿何不带吴钩,收取关山五十州。"李贺渴望投笔从戎、驰骋疆场,为统一祖国贡献力量。因此,在回老家昌谷待了一年后,李贺继续外出谋职。元和八年(813)六月下旬的某一天,他出发了,到潞州(今山西省长治市)去。

这趟潞州之行给李贺带来的,是困于幕府的三年。面对不称心的职位,李贺仍然选择了辞官,但这次他没有回乡。李贺踏上了去江南的路程,寻找了几个同样辞官回乡的江南友人。那天,他去了沈亚之的家,沈亚之夫妇热情地招待了他。他看着这一对感情和睦的夫妻,非常羡慕,写下了祝福他们的诗。但是,李贺终究还是要形单影只地踏上自己的路。

李贺这一生非常惨淡。他没有强健的身体,也没有背景强大的家庭。他无法像那些身强体壮的人一样,奔波于自己的命运,只能在自己瘦小的身体里,种下一个远大的梦想。他的人生中或许没有世俗意义上值得称道的、真实的旅程。但是,他在诗歌中写下了无数属于自己的精神幻梦之旅。《梦天》的奇崛想象,就是这样的精神旅程:

老兔寒蟾泣天色,云楼半开壁斜白。
玉轮轧露湿团光,鸾珮相逢桂香陌。
黄尘清水三山下,更变千年如走马。
遥望齐州九点烟,一泓海水杯中泻。

《梦天》中没有仙人，只有一个孤寂而开阔的宇宙。通过梦幻的视角，李贺穿越尘世，步入月宫。在中国古代文人心中，月亮一向是美好和永恒的象征，李贺的《梦天》也具有这样的美好、永恒之意。明知浮生若梦，李贺却仍然满怀生命激情，坚持要把这个属于自己的梦做得五彩缤纷、有声有色。

李白在《古朗月行》中也提到了白兔和蟾蜍，这是一个童话般的世界。李贺是怎么写的呢？兔子，是老兔；蟾蜍，是寒蟾。月亮上有很多楼阁，云遮着它们，不是很明朗。兔子和蟾蜍正在对着天空哭泣，月宫里气氛阴冷。幽冷的颜色、冰冷的温度，带着一层寒意的月宫就这样穿梭于李贺的笔法中。

李贺经常在想象中"飞天"。他还写过《天上谣》，这是一首比《梦天》还要美好的梦天长歌：月宫中桂枝飘香，花气袭人，仙女们愉快地采摘桂花，并将其佩戴在自己的衣袂上。一千多年前乘风升天的弄玉红颜未老，正卷起珠帘眺望窗外优美的清晨景色。梧桐树上的青凤，依然娇小美丽，惹人喜爱。仙人王子乔吹着细长如鹅毛状的笙管，呼唤神龙耕犁云烟，播种瑶草。踏青的仙女们漫步仙洲，寻芳拾翠，悠闲自得。

因为早衰与多病，李贺在他短暂的人生之旅中，极端敏锐地感受到了生存的焦虑与困惑。这是独属于李贺对生命意识的深刻体悟。钱锺书先生曾评价李贺是"感流年而欲驻急景"。确是如此，李贺在自己匆忙有限的年华中，以诗歌作为对生命的追问方式，借数曲古老的歌谣，谱写出了苍凉的悲歌。

李贺拥有如此丰富的想象，与他汲取《楚辞》文学沃土中的神秘色彩有关，也因为他需要借助想象的翅膀，超越坎坷的人生。李贺在自己的精神世界中，始终在探寻美好的世界，追寻生命存在的美好意义。他以尘世的无常反衬宇宙的永恒，以时间的无限解决了个体生命的有限。这无疑反映了中国古代知识分子的那种求索精神。他们始终在心中回荡着"路漫漫其修远兮，吾将上下而求索"的声响，以此来面对人生的种种苦难。在困厄面前，他们心中难免有失落，但永远充满希冀。

李贺这一生非常短暂，只活了二十六岁。他经历了种种痛苦，但始终没有绝望。他借助了神话的力量，背负着生命的重压，坚忍地向前跋涉，执着地寻求生命的理想归宿。我们从李贺的梦天之旅可以看到，正是神话的视野，约束着文化的发展，使之成为一个体系。正是依赖神话的救济，一切想象力，一切梦境的幻想，才得免于漫无目的的彷徨。人类在神话世界中克服了关于生死的恐怖意识，构建起了生命的桃花源，寄予了生命肯定和赞美。

李商隐的《李长吉小传》，曾记述了李贺的姐姐在李贺临终时的见闻：李贺临死的时候，有个穿红衣服的人，驾着红色的有角的小龙，拿着一块写满古代文字的石板，要替上天召请李贺。李贺并不认识石板上的字，但是察觉到了一丝危险的气息。于是从病床上下来，连连叩头，以母亲年迈且体弱患病为由，恳请上天不要带走自己。红衣仙人委婉地拒绝了李贺的请求:"天帝建成了白玉楼,要请你写一篇记文。天上的生活很开心,不会痛苦的。"李贺闻言,泪流不止,渐渐没有了呼吸。这个时候,房间窗外隐约响起了音乐,仿佛还有一些白烟。于是,李贺的母亲连忙让所有人停下哭泣,静静地等待这些祥异结束,直到李贺离开人世。

这个关于李贺去世前的故事,当然只是一个虚幻的传说,但足以让人闻之动容、心头一暖。希望李贺在他短暂的人生落幕之时,正如《李长吉小传》中描述的那样,没有蹈入黑暗的鬼域,而是收获一场梦天之旅,去往他想要遨游的上天。

十三

扬州
杜牧的十年一觉

古人说，天下明月共三分，扬州独占二分。关于扬州，李白有"烟花三月下扬州"，杜甫有"商胡离别下扬州"，辛弃疾有"四十三年，望中犹记，烽火扬州路"。但是，从古至今，人们提到这个城市，最容易想到的还是唐朝的诗人杜牧：他的"春风十里扬州路，卷上珠帘总不如"，他的"二十四桥明月夜，玉人何处教吹箫"，他的"十年一觉扬州梦，赢得青楼薄幸名"。

杜牧，生于贞元十九年（803），卒于大中六年（852），是京兆万年（今陕西省西安市）人。按理说，生活在名宦之家，杜牧理应会有很好的前途，他却在《遣怀》中说自己"落魄江湖载酒行"。杜牧为什么用"落魄"形容自己呢？京兆杜家确实显赫过，在长安的繁华地段安仁里还有宅子。宅子建得很高，当地的老百姓还编了一条谚语，说"城南韦杜，去天尺五"。这样的谚语暗含着一种象征意味，是说杜家权势很高，与皇帝的距离很近。但到了杜牧的父亲杜从郁这一代，杜家已经开始有衰落的趋势了。

杜牧的祖父杜佑，担任宰相时住在樊川别墅。樊川是长安的一个地名，川间涌河清澈，曲折蜿蜒，阡陌纵横，杜牧自幼就生活在这里。他晚年还重新收拾了祖父的樊川别墅，并自谓"樊川翁"，将自己的诗文收录命名为《樊川文集》。这里有林亭之美，卉木幽邃，给童年的杜牧留下很多欢畅的记忆。然而，他少年时代的苦涩也是从这里开始的。

杜佑去世时，把家里的房子分给三个儿子。分到杜从郁手中的只有三十多间。三十多间房子，要供家庭主要成员和奴仆住，在长安并不算多，况且杜从郁也不是一个能够好好经营家产的人。他英年早逝，将生前所欠的债务都留给了杜牧。杜牧可以说是一夜成人，十四五岁的年纪就要开始料理家计，对付债主，无奈之下，他把家中三十多间房子变卖了。从此，杜牧一家流离失所，虽说族中有人会接济他们，但是艰难的生活困境依旧难以被改变。

杜牧和自己的弟弟可以说是相依为命。弟弟有眼疾，需要钱财治病。杜牧当时带着多病的弟弟流落于长安城内，骑着驴去这一家讨一点儿，去那一家要一点儿。而且他们没有房子住，要在长安城内的家庙里住。这座家庙已经非常老旧了，里面都是灰尘。他们也没有东西吃，杜牧需要"拾藜藿"，把各种野菜煮成粥给弟弟喝。

杜牧的家庭虽然衰落了，但是，他还是凭借家庭给予的良好教育，顺利进入仕途。大和二年（828），杜牧登进士第。这一年朝廷一共录取了三十三人。在这三十三人中，杜牧也是出类拔萃的。至此，杜牧前半生的衰运好像都一扫而空了。这一年他非常顺利，赶上了皇帝在同一年开设的制科，得到了一个很重要的官职——弘文馆校书郎。当时杜牧只有二十五岁。在这样一个意气风发的年纪得偿所愿，杜牧很开心，所以他在诗里写下了一句话："两枝仙桂一时芳。"这是说：在同一年，我既考上了进士，也有了官做。

那时候，大家都喜欢做京官，做京官是有前途的。正当前途一片大好的时候，杜牧却做了一个让人出乎意料的选择，他去当江西观察使沈传师的幕僚了。杜家和沈家算是世交，沈传师希望能够请到杜牧这样有才华的人到自己幕府当中。两家本就熟识，杜牧也无法推辞。而且，还有一个很重要的原因：杜牧需要经济上的支援。幕府中的生活很奢华，甚至可以说有着腐败堕落的一面。

地方治所通常会举办大量宴会，在这些活动场合中，会有歌伎来唱歌、跳舞，声色犬马，令人迷醉。晚唐的生活确实有这样的一面。那时的杜牧，还是一个怀抱理想的年轻人，穿梭在这样的场合中，看着这样的歌舞，看着那些打扮妖娆的女子，他会做何感想？杜牧是个有着强大共情能力的人，他绝不会以俯视的、玩弄的态度对待这些女性。在某些瞬间，他可能会认为自己与她们并无分别。因为现实的无奈，自己的理想逐渐被搁置。现在的自己，每天只能在荒淫的歌舞中虚度青春。此时，他的心中应该是有一丝凄凉之意的。

通过歌舞宴会的场合，杜牧认识了一些女子。其中有一位沈传师府上的歌伎叫张好好。今天我们如果去故宫博物院参观的话，还能够看到一件文物：杜牧手书的《张好好诗》。当时，张好好的年龄还很小，据说才十三岁（虚岁）。她唱歌非常好听，可以袅袅传入云中，很有穿透力。后来，张好好被沈传师的弟弟沈述师纳为妾。

张好好因为突出的歌唱才华，得到了沈家人的赏识，拥有了一个安身之所。这原本看上去好像是一个结局相对完满的故事，杜牧当时也是这么认为的，他很欣赏张好好，觉得沈家人能够把张好好留在沈家，对张好好来说无疑是很好的归宿。

可是过了几年，杜牧到洛阳一家酒肆喝酒，发现当垆卖酒的女孩子有点儿眼熟。他定睛一看，竟然是张好好。要知道，卖酒女的地位可比官妓的地位还要低。杜牧看到流落至此的张好好，非常感慨，就上前询问缘由。张好好告诉他，沈家已经发生了天翻地覆的变化，自己也像一个物件一样被沈家人抛弃了。杜牧十分唏嘘，就写下了《张好好诗》。

在杜牧的眼中，张好好是一个独立的人，而且与自己的人生经历极为相近。他在其中感叹与张好好的重逢，也感叹自己这一生的漂泊流离。在这样一个秋风吹拂的季节，他更加感受到了人生的无常，大哭了一场。可见，杜牧并不是一个风流放纵的人，他说自己"赢得青楼薄幸名"，只是一种自嘲。对于青楼女子的生活境况，杜牧有着深深的感怀。他尊重她们，能够理解她们人生的苦涩。而且，他还把她们的人生遭遇真实地写到诗里面，给予她们非常深切的同情。这是一种高尚的情怀。

除了《张好好诗》，杜牧写女性的诗，还有很多。其中有一首非常有名的诗——《杜秋娘诗》。杜秋娘是一个很美的女子，她早年被一位节度使纳为了妾，后来那位节度使因为谋反被杀，她作为有罪的婢妾被纳入宫中。后来，成了皇子李凑的保姆。史书称她为傅姆，就是说她既是师傅，又是保姆。杜秋娘的后半生，原本可以在宫中度过。可是后来又发生了很多的变故，她也被从宫中赶了出来。老年的杜秋娘在经历了很多的世事变换以后，变得非常穷困，连织布机都没有。

大和七年（833），杜牧听说了杜秋娘的故事，心里非常感伤，写下了《杜秋娘诗》。杜秋娘可以说是唐朝的一个传奇人物，她有一首诗被选进了《唐诗三百首》，就是著名的《金缕衣》："有花堪折直须折，莫待无花空折枝。"

就是这样一个有才华的美丽女子，被时代的洪流冲进了悲苦的困境中。这种对比让杜牧再次生出了许多感慨。杜牧在《杜秋娘诗》的序里面说："感其穷且老，为之赋诗。"这个时候的杜秋娘，已经身处社会的底层，杜牧对她却仍然有着深深的同情。而且，杜牧为她写下这首诗，记录她传奇的人生，记录她在颠沛流离当中如何坚忍地应对坎坷。

面对这些女子的时候，杜牧常常觉得自己与她们的命运没有太多区别。"十年一觉扬州梦"，在这场梦境里面，其实充满了杜牧对人生的感悟与反思。

有过优渥生活，又经历过人生低谷，这种人往往能够怀抱赤子之心，对人性的理解更为深沉。然而此时已是晚唐，藩镇割据，宦官专权，党争不断，一片凋敝。及时行乐，成为士大夫日常生活的主旋律。杜牧也曾偎红倚翠，但内心深处，他还抱有文人理想，对世事有着共情与同理心。张好好、杜秋娘，这些女性的灵魂，都被杜牧捕捉到。其实，人在旅途，她们不过是彼此生命的过客，而杜牧硬是凭一己之力，把她们载入文学史。

大和七年（833），杜牧从宣州来到了扬州。这一次他去了淮南节度使牛僧孺的幕府做事。这个时候他仍然年轻，才三十岁。杜牧是很有才华的人，所以牛僧孺将幕府当中的许多事都交给他做。他先是做了推官，然后做了掌书记。掌书记是幕府当中非常重要的职位，韩愈就曾经说过："凡文辞之事，皆出书记，非闳辨通敏兼人之才莫宜居之。"也就是说，掌书记既要有才华，还要思维敏捷。

牛僧孺非常赏识杜牧，将很大的希望寄托在了杜牧身上，希望杜牧能够成为自己的左膀右臂。可是这个时候的杜牧，在沈传师的幕府中早已习惯了声色犬马的生活。当时的他被强大的迷茫感围困，许多事情都没有认真去做。来到扬州之后，杜牧仍然陷在富贵迷人眼的生活里。

相传他夜夜宿于青楼，经常在忙完公事之后就去寻欢作乐。牛僧孺非常珍惜杜牧这个人才，希望他能早日归正，还派人在暗中保护他，不准任何人外传杜牧这些事。但这些事情杜牧并不知道。

大和九年（835），杜牧被任命为监察御史，要回长安去了。这个时候牛僧孺拿出了一本小册子，上面记录着杜牧在扬州做过的荒唐事。杜牧这个时候才知道，自己那些事牛僧孺全都心知肚明。但牛僧孺给予杜牧极大的包容，他并没有呵斥、批评杜牧，而是以一种委婉的方式来警示杜牧，希望他可以醒悟。

杜牧对于牛僧孺当然是感激的。有种说法认为，《遣怀》这首诗，就是杜牧在得知牛僧孺对他的保护行为之后，才写下来的：

落魄江湖载酒行，楚腰纤细掌中轻。
十年一觉扬州梦，赢得青楼薄幸名。

杜牧或许觉得自己过去把人生看得有点儿轻了。那些落魄的经历，那些对未来和前途生出的迷茫，使得自己放下了很多理想。而牛僧孺却始终把杜牧当作一个重要人才，对他寄予极高的期望，这让杜牧感到羞惭。据说在离别的时候，杜牧还在牛僧孺面前流下感激的泪水。

"十年一觉扬州梦",梦,是陷入人生迷茫的那场大梦。如今,扬州十年的作为,连杜牧自己都有点儿看不过去了。"高人以饮为忙事""半醒半醉游三日""但将酩酊酬佳节",表面上,歌楼酒肆,不醉不休。然而,内心深处,杜牧一直深切地关注着时局,这才有了他的"东风不与周郎便,铜雀春深锁二乔",他的"一骑红尘妃子笑,无人知是荔枝来",他的"商女不知亡国恨,隔江犹唱后庭花"。他的咏史为表,讽今为里。

对于晚唐的飘摇局势,杜牧一直在关注。他自小读了许多兵书,也写了许多重要的献策文章。他对晚唐颓势局面转为积极的态度,是可以从这些文章的字里行间读出来的。杜牧在年轻的时候,就经常对时局发表犀利的看法。他认为,面对藩镇割据和兵戈之乱,朝廷却束手无策,所有在位的卿大夫都应该为此感到耻辱。清代有人评价杜牧:"牧之内怀经济之略,外骋豪宕之才。"这是在说,杜牧是非常有政治谋略的人,但他把它们深深地藏了起来。在晚唐动荡的现实格局中,他不想让自己显得过分突出,不想被排挤打压、猜忌迫害,所以索性将自己藏了起来。

杜牧不仅是诗人,也是一个很有抱负的士人。在一个动乱、腐败的时代里,杜牧是迷茫的,他看不到自己的出路。而在三十多岁的时候,他意识到,不能再随波逐流了,不能再沉沦了。是时候要为人生设立一个崭新的目标,去走一条为社会和时代付出的道路了。杜牧的梦,终于醒了。

十四

巴山
李商隐的离情别绪

雨淅淅沥沥地下着，模糊了窗外的景物和远方的路。李商隐静坐窗前，读着远方妻子的来信。妻子在信中问他：什么时候能回到长安，回到我和孩子们的身边？

归期无法确定，李商隐不知道如何回答妻子的问题。眼前秋景凄凉，秋雨逐渐灌满池塘。归期与秋池，原本毫无关系，现在却被无言的怅惘联系在一起。他思绪磅礴，随着秋风和秋雨逐渐飘远，无数画面在他脑海中浮动：他的成长、坎坷，以及和妻子的相遇。

李商隐大概出生于元和六年至元和八年（811—813）期间。这个时候，李商隐的父亲正担任河北道怀州府获嘉县（今河南省新乡市获嘉县）县令。很多人对父亲给李商隐起的名字有点儿困惑。"商隐"是什么意思呢？

相传于秦汉之交，有四位年长的义士，见世道混乱，便在商山隐居不出。后来在张良的推荐下，他们出山辅佐汉室。这就是历史上著名的"商山四皓"。或许，李商隐的父亲希望自己的孩子能够像"商山四皓"一样长寿，并成为能够辅佐帝王的名士。

李商隐的人生轨迹与父亲期待的一致吗？

父亲去世的时候，李商隐才十一二岁。在这样小的年纪，他就要承担起养家的重任。他通过给官府抄写文书、舂米售卖等途径获取微薄的收入，维持全家的生计。同时，他立志求学，期待考取功名，从而改善家境。

李商隐度过了一个非常寒微的少年时代。直到快二十岁时，他才看到了一些希望。大和三年（829），李商隐来到东都洛阳，拜谒令狐楚、白居易并献上自己的文章。唐朝科举考试实行推荐制，考卷不糊名，考官在考试之前能够了解考生的社会关系、才识能力等基本情况。因此，唐朝士子在参加考试之前要"行卷"——将自己的作品献给有声望的前辈、要员，期待得到他们的推荐，提高考中的概率。

李商隐的文章得到了令狐楚、白居易的赏识。时任东都留守的令狐楚对李商隐非常看重，他让李商隐跟自己的儿子令狐绹（táo）一起读书，亲手教他们写文章，尤其是四六骈文。四六骈文既是参加科考必须掌握的文字技能，也是士人入职的必备技能。唐朝的公文，依惯例都是骈体文。令狐楚不仅在读书写作上引导着李商隐，还将李商隐以推官的身份招入自己任职的天平军节度使幕府中。李商隐入幕之后，令狐楚多次资助他赴京考试。

按照当时的制度，地方各州县会于每年冬天向朝廷上报当年赋税的账目和贡品，时称"上计"。同时，随同送去一批参考科举考试的人才，称作"随计"。李商隐即作为"随计"的一员被推荐到了朝廷。令狐楚对李商隐赏识之至，几乎将这位素不相识的寒门子弟当成了自家人。他们之间的关系远远超出了幕主和幕僚之间的上下级关系。令狐楚对李商隐可以说是恩重如山。

然而，李商隐考运不佳，数次落第。直到开成二年（837），在令狐绹的帮助下，他终于进士及第。李商隐的人生行进至此处，已经和令狐家紧紧连在一起了。

同年冬天，李商隐还在等待吏部选调，七十多岁的令狐楚去世了。这个世界上最赏识他、提拔他的人永远离他而去。李商隐匆忙离开长安，又陪同令狐绹兄弟几人将令狐楚的灵柩运回长安，一路跋涉，也因此错过了吏部选调的时间。来年春天，李商隐参加了吏部博学宏词科的考试，吏部本来想要录取他，但最终被人驳了下来。

考上进士的喜悦没有持续多久，便被接连而来的厄运冲淡了。李商隐仿佛有着奔波的命格，来来回回地在路上游走着。这种"游"，不是壮游、漫游，甚至也称不上宦游，而是一种为了生存、为了在这个社会中找到一席之地而展开的奔波。

李商隐就是在疲于奔命的重重人生坎坷中，遇到了王氏。

王氏，是李商隐的第二任妻子。李商隐的第一位妻子早早过世了，关于这段婚姻，他没有留给后人太多信息。在遇到王氏之前，李商隐还经历过几段凄苦的爱情。少年时期的他，可能爱慕过一位女冠（唐朝修道的女子头戴黄道冠，故称"女冠"）。青年时期，李商隐邂逅过一名叫作柳枝的商人之女。或许他还曾与另一名女子有过感情，但这几段感情都没有什么结果。

王氏是泾原（治所在今甘肃省平凉市泾川县）节度使王茂元的小女儿。对于李商隐来说，这场婚姻有一种"高攀"的意味。李商隐出生在一个衰落的基层官员家庭，这个家庭号称是李唐皇室的别支远亲，却并没有显赫过。李商隐祖上数代都是县令这种级别的地方官员，虽然也算是士大夫，但和王茂元这样的节度使是没法相比的。

开成三年（838）春，李商隐经人推荐，进入了泾原节度使王茂元的幕府中，负责起草公文。李商隐有才华，在王茂元看来前途无量。王茂元极为赏识李商隐，因此将女儿许配给他。这本是一桩喜事，却给李商隐招致了许多非议，严重影响了他往后的人生。令狐绹认为李商隐与王氏的结亲行为忘恩负义——令狐楚刚去世，他便改投家门。

在当时朝廷中，以李德裕为首的"李党"和以牛僧孺为首的"牛党"之间存在党争。有一种观点认为，令狐家族亲近牛党，而王茂元属于李党。李商隐夹杂于两党之间，在双方看来，都是不忠不义之人。但是事情的真相可能更为复杂，令狐绹对李商隐的不满，或许仅仅出于"改换门庭"的个人恩怨，不涉党争。而李商隐本人，也没有卷入党争。李商隐支持失势的李党，更多是出于个人对政治主张是非曲直的判断。但是，李商隐的性格也有软弱的一面，尽管他支持相对正义的李党，当面对得势的牛党时，他也违心诋毁了李德裕。

无论历史的政治真相如何，有一件事是确定的：李商隐在娶了王茂元之女后，遭到恩家令狐绹的鄙弃。虽然这在李商隐看来是生计所迫，在令狐绹看来，却是"忘家恩，放利偷合"。

李商隐和王氏成婚所承受的压力不仅来自令狐家，也来自王家。王茂元曾经选定李商隐为婿，是认为年轻才俊李商隐未来可期。然而，李商隐仕途坎坷，一生沉寂下僚，并没有实现王茂元的期待。从李商隐的一些诗文中可以看出，李商隐确实面临着来自王家的这种无形压力，不过，夫人王氏和李商隐一道分担着这些外在的压力。

王氏心甘情愿地跟随李商隐过着贫苦的生活，二人"荆钗布裙，高义每符于梁孟"。而且，自从王氏嫁与李商隐之后，李商隐大部分时间都在各个地方的幕府中奔波，一两年就会调换一次。他们聚少离多，王氏身为一个富贵家族的小姐却并无怨言，而是默默地承担起家庭的重担。自己长年在外，妻子独自撑起小家，她的孤独和艰难，李商隐都懂得。《夜雨寄北》就是在这种情况下写成的：

君问归期未有期，巴山夜雨涨秋池。

何当共剪西窗烛，却话巴山夜雨时。

秋雨的淋漓朦胧着虚化的夜景。面对妻子再一次的"归期"之问，李商隐并没有选择陷于思念的情绪或迷茫的景色中。他要给妻子回信了。妻子独自在远方支撑家庭，非常辛苦，她还在等待着他的安慰。如果这封回信，全是抱怨，全是在诉说巴蜀之地凄凉的样子，那她该多担心呢？

李商隐向妻子许下一个心愿：什么时候，我们会在家里的西窗之下，彻夜长谈，一起剪烛花呢？这句话，毫无疑问为这场漫长的分离带来了一丝希望。李商隐想让妻子相信，今天"未有期"的失落和"涨秋池"的怅惘，在重逢的时候，都会变成喜悦、轻松的事。

李商隐婚前婚后，对王氏都非常追慕。新婚之前，他和妻子或许已经相识，有着很多的缠绵相思。这些情思，他写在了给韩瞻的诗里。

韩瞻和李商隐同年考上进士，他先被泾原节度使王茂元看上，将大女儿许配给他，成婚在李商隐之前。李商隐作这首诗的时候，还没有和王家的小女儿结婚，但是已经有议婚之举了，或许两个人已经熟识了。当时，显赫如万户侯的王家，为这位新婚贵婿建了一座新楼，为他们结婚做准备。李商隐在诗里调侃韩瞻：咱们明明同时及第，你的婚礼却办在我的前头。

你们在云间邀请彩凤归来，夫妇团聚，自然会笑话我们这种隔着银河、期盼相会的牛郎织女了。如何才能向美人表达我的思念呢？为此我已经憔悴不堪。

这时候的李商隐沉溺在对未来生活的美好想象中，无法自拔。新婚的美好都是非常短暂的，婚后，李商隐需要奔波于宦途、为家人谋生。那些缠绵的往日，只能被硬生生地放下。

大中五年（851），宣武军节度使卢弘止去世。四十岁左右的李商隐再次失去了幕职，从待了一年多的徐州返回长安。然而，就在李商隐罢幕回京的路上，他一生中最珍爱的人永远离他而去了。王氏因病去世的时候，应该只有三十岁出头，还非常年轻。她带着生存的疲惫、离别的凄苦，带着对爱人的眷恋、对孩子的牵挂，永远地离开了人间。

妻子去世后，她的房间中留下了一张锦瑟。李商隐徘徊在房中，看到那张锦瑟，感到人生无比悲凉。他写了一首悼亡诗——《房中曲》：

蔷薇泣幽素，翠带花钱小。
娇郎痴若云，抱日西帘晓。
枕是龙宫石，割得秋波色。
玉簟失柔肤，但见蒙罗碧。
忆得前年春，未语含悲辛。
归来已不见，锦瑟长于人。

今日涧底松，明日山头檗（bò）。
愁到天池翻，相看不相识。

《房中曲》是乐府诗歌的旧题，在汉代的时候经常用于悼亡。李商隐喜欢写清晨，很多诗歌中带有"晓"字，"庄生晓梦迷蝴蝶""长河渐落晓星沉"等，都是如此。这首诗也是从清晨梦醒时分写起。诗人或许一夜似睡未睡，残梦依稀。但是清晨又是梦境破灭的开始，李商隐也因此重新回到现实的人间。

帘外的蔷薇花小如钱，叶绿如带，花上的露珠如同哭泣的泪水。懵懂无知的孩子并不太知道失去母亲的意义，仍在西帘下痴睡。王氏生前用过的石枕上仍然留着她的光泽，竹簟上却没有人，只盖着一层碧罗被。

李商隐回忆起他们的最后一面，应该是在前年春天，李商隐离家返回徐州卢弘止幕府之前。那个时候，王氏沉默不语，面露悲辛之色。两个人常常分离，王氏的生活过得孤单而辛苦，而此时，她已经到了无法承受的地步，所以在表情中流露了出来。除了离散的愁绪，王氏或许还染了病，更添了些不祥的预感。

李商隐悔恨不已、忧愁不已。他在此后的人生中，常常会写悼念王氏的诗，现存的就有二三十首之多。妻子去世前后，李商隐的精神状态展现出巨大的转变。

王氏去世的前一年，他写的诗非常乐观，比如他在徐州的幕府里写了"且吟王粲《从军乐》，不赋渊明《归去来》""横行阔视倚公怜，狂来笔力如牛弩""年颜各少壮，发绿齿尚齐"。他觉得自己浑身充满了力气，身体很好，正是干事业的好时候。

但是，王氏一死，他的精气神就好像被抽干了，他给人写的诗里说自己是"年鬓日堪悲"，自己的头发之前明明很黑，现在一下就白了。又说"官衔同画饼，面貌乏凝脂"，这是对自己的年纪和前程都已经灰心了，觉得自己追求的那些东西不过是画的一个饼。这些句子，情绪极为悲凉。丧妻之痛持续到第三年的时候，李商隐甚至有了出家的念头。

李商隐后来在剑南东川节度使柳仲郢（yǐng）的幕府中工作，哀伤、颓丧，一度柳仲郢看不下去了，打算把乐伎张懿仙送给他，但被他婉言谢绝了。他觉得自己根本走不出丧妻之痛，"某悼伤以来，光阴未几"。他告诉上司自己的真实情况："丛台妙妓，虽有涉于篇什，实不接于风流。"意思就是，或许我的诗篇里还会偶尔写到那些艺术水平高超的丛台妙妓，但我与风流这件事情不会再有任何关系了。

李商隐是真正"曾经沧海难为水"的人。他选择活在这样一种心境中，可能是在惩罚自己。他觉得在妻子生前，自己为了谋生，总是漂泊在旅途中，不够珍惜她，错过了很多光阴。

李商隐徘徊在王氏居住过的崇让宅，反复思念她。崇让宅是李商隐的岳父河阳节度使王茂元在东都洛阳崇让坊的宅第，李商隐夫妇婚后曾在此居住。李商隐晚年因病回乡，重访洛阳崇让宅。此时崇让宅的景致已经破败不堪了。

主人离去之后，绿苔占领了这些幽深曲回的廊阁庭院。重访旧地的李商隐，在月色中将重门层层开启，仿佛要向人道出一些封锁的秘密。然而秘密马上又被隐匿：含晕的月是朦胧凄迷，带露的花苞尚未开放。月和花都是寒冷的、凄凉的，同时又都是圆形的、封闭状态的，一个被圆形的光晕遮挡、一个被圆形的露珠封锁，诗人并不想透露更多心事。

走进昔日的房中，李商隐回想起与王氏一起居住在这里的情景。而今斯人已逝，李商隐辗转难眠之时，听到蝙蝠拂动帘旌、老鼠翻动窗网的声音。或许这是当年两人住在崇让宅时发生的情景，王氏曾经因为蝙拂帘旌、鼠翻窗网不能睡去，或者是因为这些动静而担惊受怕。房中仿佛还残留着王氏的余香，如今只有李商隐一个人对着灯自言自语，不知不觉中，唱起南朝乐府《起夜来》的歌谣："飒飒秋桂响，非君起夜来。"

宅子里所有的景象，都令李商隐感到无限悲苦。多年前在巴蜀，他看到池塘中的水逐渐涨起来，那时候还带着一种对自然的好奇，想把这里的气象、物候、风景告诉远方的妻子。而此时，李商隐眼中的池塘是冰冷的，是"露如微霰下前池，月过回塘万竹悲"。他能接受人生有聚有散，但是，看到红色的芙蕖在初秋凋零，他终是压抑不住自己的痛苦。那个可以和自己共剪西窗烛的人，再也没有了。自己回家的梦，只有灯知道；自己的落魄，只有咽下的浊酒知道了。这种思念与寂寥相叠加的生活，煎熬着李商隐。

浮生有如一场悲凉的梦。王氏永远消逝了。对于李商隐来说，自己再也没有那个"君问归期未有期"的应答对象了，人生陷入了一种巨大的茫然和空洞中。那时候回答不了妻子的问题，而此刻只剩下悔恨，只剩下夜夜归家的梦。

大中十二年（858），这是王氏走后第七年，李商隐因病辞职，返回老家荥阳，不久便撒手人寰。李商隐去世的时候还不到五十岁。他的父亲为他起名为商隐，曾经期待自己的孩子能长寿，能有"商山四皓"那样辅佐帝王的人生成就。这些希望，终究没有实现。

后辈崔珏悼念李商隐时说"虚负凌云万丈才，一生襟抱未曾开"。这两句诗，可以说准确总结了他悲苦孤独的一生。在他的生命中，欢愉和庆幸，只是悲伤和厄运的前奏。每次幸运刚刚开始眷顾于他，厄运便接踵而至，给他以沉重的打击。而细细回味起来，他和王氏的这场聚少离多却无比恩爱的婚姻，竟是他坎坷人生中唯一的甜。

十五

梁宋
李白与杜甫的相逢相知

李白和杜甫的相逢与相知，是通过两场旅行实现的。

天宝三载（744）初夏，三十二岁的杜甫，在洛阳遇见了四十三岁的李白。他们先是相约前往梁宋（今河南省商丘市一带）进行漫游，继而又决定去往东鲁（今山东省）。前后在一起的时间，长达近两年。

李、杜二人的这两次旅行，是文坛一段佳话。闻一多先生对此格外激动，把他们的相见比喻为太阳和月亮的碰头。他说："我们四千年的历史里，除了孔子见老子（假如他们是见过面的），没有比这两人的会面，更重大、更神圣、更可纪念的。"

其实，在李白和杜甫相逢于洛阳的那天，李白不过是个落魄的文坛明星，刚被唐玄宗从宫里赶出来，史称"赐金放还"；杜甫也只是文坛上的无名小卒，三十多岁了，依旧没考上进士。此刻的他们都还不知道，自己的旅行会被后人津津乐道。更不会知道，自己会身披后人的赞誉，成为被称为"诗仙"和

"诗圣"的伟大诗人。

"赐金放还"对李白的打击很大，这件事情意味着他的从政理想彻底破灭了。要知道，李白在长安摸爬滚打好些年以后，才在天宝元年（742年）通过玉真公主和贺知章的推荐，谋得一个翰林供奉的职位。

这份工作的主要职责是陪着唐玄宗吃喝玩乐。唐玄宗曾让李白给杨贵妃写诗，于是就有了"云想衣裳花想容"的《清平调》。在宫中看着帝王、后妃过着这样荒淫的生活，李白并不开心。但李白也确实没有从政的能力，而且他经常喝酒误事。有种传言说，唐玄宗本想重用李白，让他当中书舍人。但有人在这个时候打了小报告，认为李白嗜酒，不应被委任职务。唐玄宗对此很是认同，于是就将李白"赐金放还"了。

"赐金放还"的名头听起来很大，实际上就是开除的时候给了一笔遣散费。李白被皇帝疏远放归，心灰意冷，完全处于人生低谷状态。李白遭谗言的原因有多个版本，有的人说，是高力士的打击报复；还有的人说，是张垍（jì）的谗毁。前者是小说家言，后者是为《李白集》作序的魏颢说的，都不足信。根本原因还是在于，李白的行为风格与当时的社会格格不入。他所得罪的绝不是一两个人，而是整个朝堂。

李白离开长安以后，本来想去找一位住在汴州的亲戚。前往汴州，就要路过洛阳。当时，杜甫要将去世的祖母归葬于老家偃（yǎn）师（今河南省洛阳市偃师区），需要奔波在梁宋之间,因此也路过洛阳。李白和杜甫,就在这半道上相见了。

相遇之时,两个人的社会声誉悬殊。李白在仕途上没有什么收获,但是他的诗名相当高。老臣贺知章非常欣赏李白,送了他一个"谪仙人"的名号。李白被叫作"诗仙",和这个名号不无关系。在名动一时,相传让皇帝亲手调羹、让高力士脱靴的宫廷诗人李白面前,杜甫只是一个三十二岁还一事无成的普通人。他经济状况一般,考过进士,但是失败了。三十岁左右,他回老家盖了栋房子、结了婚,人生按部就班地行进着。

但这些丝毫不影响二人的梁宋之游。李白因为政治理想破灭,想要求道,杜甫对他很是支持。多年以后,杜甫回忆起这次相见,写下了一首诗《寄李十二白二十韵》赠予李白:

> 昔年有狂客,号尔谪仙人。
> 笔落惊风雨,诗成泣鬼神。
> 声名从此大,汩没一朝伸。
> 文彩承殊渥,流传必绝伦。
> 龙舟移棹晚,兽锦夺袍新。
> 白日来深殿,青云满后尘。
> 乞归优诏许,遇我宿心亲。
> 未负幽栖志,兼全宠辱身。
> 剧谈怜野逸,嗜酒见天真。
> 醉舞梁园夜,行歌泗水春。

才高心不展，道屈善无邻。

处士祢（mí）衡俊，诸生原宪贫。

稻粱求未足，薏苡谤何频。

五岭炎蒸地，三危放逐臣。

几年遭鹏（fú）鸟，独泣向麒麟。

苏武先还汉，黄公岂事秦。

楚筵辞醴（lǐ）日，梁狱上书辰。

已用当时法，谁将此义陈。

老吟秋月下，病起暮江滨。

莫怪恩波隔，乘槎与问津。

在这首诗的开头，杜甫表达了对李白才华的高度肯定，预言李白的诗一定会流传久远："文彩承殊渥，流传必绝伦。"杜甫想象过李白被"赐金放还"之前，在宫里过的日子：他参加宫里诗会，夺得了锦袍，被前呼后拥，"白日来深殿，青云满后尘"。他也因为拥有归隐之志，选择了乞归，还与自己做了朋友。对待自己全心全意，是"遇我宿心亲"。

杜甫特意在这首诗里讲到了见李白时的印象："剧谈怜野逸，嗜酒见天真。醉舞梁园夜，行歌泗水春。"当时的李白，已经是文坛的耀眼明星。对"野逸"之身、没有考取功名的杜甫，照样付出了全部的真心。他们一边高谈阔论，一边大口喝酒。杜甫凝视着滔滔不绝的李白，就像是在看着一个涉世未深的孩童。他能看懂李白的才华,并且欣赏他的天真;也能理解李白的壮志和坎坷,在诗的最后还不忘勉励他。

当时的杜甫,应该是被赤诚的李白感动了的。他无比期待和李白的同行之旅,也想借机洗洗自己身上的尘俗气,因此写下了《赠李白》表达心迹:

二年客东都,所历厌机巧。
野人对膻腥,蔬食常不饱。
岂无青精饭,使我颜色好。
苦乏大药资,山林迹如扫。
李侯金闺彦,脱身事幽讨。
亦有梁宋游,方期拾瑶草。

杜甫认为自己在东都洛阳的日子是泡在凡尘浊气之中,每天和"人精"们聚在一起,常对"膻腥"而忘记了"蔬食",总要带着心机度日。他期待能够远离烦嚣,隐居山林,但是求道、求仙需要资本,金丹大药价值千金,自己却身处贫困,无计可寻。

遇到李白之后,圆梦的机会来了。杜甫形容走出宫廷的李白是"脱身事幽讨"。"脱身"二字,道出他对李白远离浮华宫廷决定的无比支持。也是因为李白的脱身,他们才有了这次一拍即合的梁宋之游,才能一同求仙访道,同拾瑶草。

在杜甫诉说自己"苦乏大药资,山林迹如扫",感到囊中羞涩的时候,李白没有觉得有何不妥。他对这个年轻人,抱有一种充分接纳的态度。有一首诗,相传是李白写的,诗中嘲笑了杜甫的拘束:"饭颗山头逢杜甫,顶戴笠子日卓午。借问别来太瘦生,总为从前作诗苦。"这首诗很可能是一首伪作,真正的李白对待杜甫,大概只有一份越来越浓郁的惺惺相惜。

天真烂漫的李白遇到了心地善良的杜甫,他们之间的友谊,是极其纯粹且真诚的,是不需要被质疑的。

天宝三载(744)的深秋季节,李杜携手游梁宋。他们在梁园、泗水留下了愉快的旅行回忆。这趟旅行中还有一个人,那就是著名的边塞诗人高适。

高适年轻的时候去长安干谒过,也曾北上去燕地从军,经历很丰富。和李白、杜甫相逢的时候,他正在梁宋寓居,已经脱离了军队。开元二十七年到二十八年(739—740),高适去过山东汶阳,和那时候正在齐赵漫游的杜甫相遇了,两个人很投缘。杜甫写过诗给他,感慨"汶上相逢年颇多",就是说两个人的关系真是太好了。

高适和杜甫都是传统仕宦家庭的后代。高适来自渤海高氏,这是一支自十六国时代以来门第就很高的宗族。杜甫的十三世祖,是西晋鼎鼎有名的大将军杜预。所以,高适和杜甫一样有着共同的功名追求。他们和李白这样来自巴蜀、父亲没有做过官的商人后代,在出身上有着很大的差别。

三个人相聚以后，一起在宋州境内旅行。他们的旅行重点是访问古迹，和现在的人文历史旅行有些相似。梁宋之地的古迹很多，三个人这一趟玩下来，痛快地相聚，潇洒地分别。那时候，谁也不知道，大家分别之后的人生会是怎样的走向。

天宝四载（745）秋，杜甫由济南到兖州，李白由任城赶来相会，高适也来了。

这一次，杜甫跟着李白去拜访高人隐士。二人同上东蒙山，访道于元逸人和董炼师，又同访鲁城北范十隐居。杜甫跟随李白的这些旅行，并不是为了看风景，也不是为了去寻找高人隐士，而是为了享受和李白在一起的时光。在山东兖州的时候，杜甫写过一首《与李十二白同寻范十隐居》。在这首诗里，并没有提及"范十"。杜甫仿佛根本不在意范十是谁，他最开心的事情，是能和李白在一起。

杜甫在诗中毫不掩饰对李白的欣赏，他倾慕李白的才华，而且把李白当作兄弟来对待。二人在这趟旅途中，白天一起牵手行走，喝醉了一起盖被子睡觉。他们有着同样的情操，"不愿论簪笏，悠悠沧海情"，早已忘记了追求名利，而只安于当下的友谊。李白当时也写了一首诗，把自己寻找范十的来龙去脉交代得一清二楚，但没有杜甫的踪影。这是因为两个人虽然在旅程中同行，却有着不同的目的：杜甫，是为了友谊；而李白，是为了求仙和隐居。

当时的李白内心焦灼万分，已经没有其他路可以走了；而杜甫,还拥有广阔的人生可以追求。

这次分别的时候,杜甫写了一首《赠李白》:"秋来相顾尚飘蓬,未就丹砂愧葛洪。痛饮狂歌空度日,飞扬跋扈为谁雄。"他在陪伴李白这位天才诗人旅行的过程中,突然生出了一种悲哀。在颓唐的秋天里,两个人你看着我,我看着你,真挚、亲切地"相顾",像秋天的蓬草一样,飘零落拓。杜甫对李白透着深切的同病相怜之感,同样也对李白有着"伤之,警之"。

杜甫是李白的知己,李白也给过杜甫无限的真诚,这是毫无疑问的。但是他们对人生前途的看法,是不一样的。杜甫在诗中说自己愧对李白的邀约,无法在求道、求仙的道路上继续前行,因为自己年龄渐大,是时候离开这场漫长而无望的旅行,去对自己的家族负责了。

旅行结束后,杜甫就去了洛阳,为之后的科举考试做准备。李白继续住在东鲁,一段时间后又回到梁宋一带。此后世事多变,两个人再也没有见过面。

分别后的杜甫经常独坐于桌前思念李白。李杜相交畅游近两年,那段生活给了杜甫无限的慰藉和想象。因此他写了很多诗。刚回到洛阳的那年冬天,杜甫写了《冬日有怀李白》。到了第二年春天,身在长安的杜甫又写了《春日忆李白》,感叹李白的"飘然思不群"。他还写过一首《送孔巢父谢病归游江东兼呈李白》,明明是送别孔巢父的,却夹杂着对李白的念念不忘。杜甫的这些想象蕴含着无限深情。即便他深刻认识到自己与李白人生道路的不同，意识到自己不可能再与李白一起漫无目的地求仙访道，但是，那份少年一般的感情永远是真挚的、充满热爱的。

李白在东鲁寓居之时，仍然到处漫游，痴迷于求道。目前留下了两首他在这期间写给杜甫的诗，深深寄托着他对杜甫这个年轻人的思念。

杜甫老了以后，对这趟旅行仍然念念不忘。他在诗中写下"昔者与高李，晚登单父台"。高是高适，李是李白。但是，高适和李白后来在政治关系当中的对立，使得杜甫的回忆显得些许苍凉。

高适在梁宋之地与李杜分别后，对自己的前途有了更为明确的追求。他大器晚成，最终飞黄腾达。

安史之乱爆发以后，唐朝的政局急转直下。唐玄宗做了太上皇，太子李亨即位，也就是唐肃宗。唐玄宗的另一个儿子永王李璘，此时正在南方纠集部队，搜刮租赋，为战争做准备。唐肃宗得知以后，立即下令让永王回到蜀地。永王没有听从，率领五千兵士的舰队，顺长江而下，向广陵（今江苏省扬州市）进发。

这个时候，深受唐肃宗重用的高适为唐肃宗分析了江东形势，认为永王一定会失败。于是唐肃宗大获鼓舞，将高适任命为御史大夫、扬州大都督府长史、淮南节度使，并派了其他好几股力量，与高适一起去讨伐永王。

而此时，李白正在永王的幕府中。他被永王李璘邀请加入的时候非常开心，还写了好多首《永王东巡歌》。那时的他意气风发，觉得自己可以成为东晋谢安一样的人物，为永王平复天下之乱。但他不知道，永王已经被唐肃宗视为叛党。

很快，永王兵败了。李白虽在溃兵中死里逃生，但要面临严峻的刑罚。当时的他向高适发出了求救信号。他写了一封信，附上了一首赞美高适的诗，希望高适能够顾念往日的同游之情，对他施以援手。但是，高适对此似乎是无动于衷的。还有传言说，高适将自己关于梁宋之游诗篇中李白的名字，全都改成了"群公"。

高适几乎与李白决裂了，但杜甫仍然坚守着对李白的真情。永王兵败后，杜甫以为李白已经不在人世，写下了两首惊心动魄的《梦李白》，寄托自己对李白的哀思。其中的第二首尤其感人，它可以说是对李白一生最好的概括。同时也证明了李白在这个世间的孤绝感，杜甫全都理解。

在存世文献里，杜甫最后一次提到李白，是在作于唐肃宗上元元年（760）的《不见》中。杜甫在诗中说："世人皆欲杀，吾意独怜才。"这是什么概念？这是说，即便世间所有的人都抛弃了李白，都恨不得要杀死李白，杜甫仍然会无条件地肯定李白的才华，并给他的人生托底。

李白的人生最后，或许已经众叛亲离。但是，他永远拥有了杜甫的友谊。这份友谊也在诗中代代永续。

永王兵败后，李白被关押在浔阳（今江西省九江市）的监狱中。这时的李白，已经是个近六十岁的老人了。后来，御史中丞、宣城太守宋若思，将李白从狱中救了出来，并让他到自己的幕府中做了一段时间的文书工作。

到了年底，唐肃宗回到了长安，开始对安史之乱以来的有功之臣和乱臣贼子进行赏罚判定。李白的处罚终于定下来了：他要被流放到夜郎。这之后，李白沿三峡溯流而上，到了白帝城的时候，终于获得恩赦。被赦免的李白，心情实在是太好了，他在飞一般的船上，越想越开心，写下了著名的《早发白帝城》：

朝辞白帝彩云间，千里江陵一日还。
两岸猿声啼不住，轻舟已过万重山。

诗里洋溢着难以抑制的轻快气息。李白在诗中将自己写成了神仙，从"彩云间"到"一日还"，一种从白帝城落到小舟之上的仙姿，跃然纸上。难以想象，李白在被流放的境遇中还能拥有这样的笔触。

或许只有站在杜甫的视角，才能感受到李白身上永远的少年气。无论人们如何嘲笑他是赘婿、干谒之星，还是不明政治是非的囚徒，他的诗，留给人们的，总是一片澄明无滓。

梦想颠倒之间，登蜀道、游天姥、筑山室，他的旅行步伐带着奇幻之美，朝人涌来。在他的诗句里，岁月会以或者毁灭式的、奔涌式的样子迅速流转，淹没无数双眼眸。这种迷人的风采，倾倒众生，也被杜甫的诗章托起。

十六

襄阳
孟浩然的故园情结

孟浩然大约生于载初元年（689），卒于开元二十八年（740），大概活了五十一岁。

"浩然"是他的字，而非名。至于他的名，已经随着历史更替而不为人知了。因为孟浩然是襄州襄阳（今湖北省襄阳市）人，世人还称他为"孟襄阳"。孟浩然，生于襄阳，死于襄阳，一生歌颂襄阳，如果我们要称他为襄阳之子，那是一点儿也不为过的。

《旧唐书·文苑传》里，关于他的生平只有几句话："隐鹿门山，以诗自适。年四十，来游京师，应进士不第，还襄阳。张九龄镇荆州，署为从事，与之唱和。不达而卒。"

孟浩然的一生，浓缩到史传里，就像一个回环。四十岁（虚岁）之前，大部分时间隐居于襄阳的鹿门山；之后，再赴京城，想求考进士，但是没有成功，只好重回襄阳。孟浩然曾多次北上，去往长安和洛阳，寻求官职和出路，但是都以失败告终。孟浩然认识了一大堆朋友，其中有三位对他的影响很大：王维、王昌龄及张九龄。求仕未果以后，他去过吴越漫游。后来，张九龄被贬到荆州做长史，孟浩然去了他的幕府中任职。最后，他再度回到襄阳，直到因病去世。

《旧唐书》明显是以惋惜的口气来讲述孟浩然生平的，觉得他这一生不算成功，是"不达而卒"。达，是显达的意思；卒，是死亡的意思。总体来看，孟浩然求仕的过程，没有什么结果，也没有那么多的曲折和痛苦。所以他的诗里，存有对未来的期望，却没有强烈的怀才不遇之感。

孟浩然诗歌中的襄阳名胜有鹿门山、万山、万山潭、岘山、望楚山、高阳池、大堤、檀溪等。早年孟浩然写过一首《夜归鹿门山歌》："山寺钟鸣昼已昏，渔梁渡头争渡喧。人随沙岸向江村，余亦乘舟归鹿门。鹿门月照开烟树，忽到庞公栖隐处。岩扉松径长寂寥，惟有幽人自来去。"庞公，就是庞德公。除了庞德公，襄阳这个地方一向不乏隐士高人。孟浩然隐居于故乡，沐浴于故乡的历史文化中。他在山水和田园中的穿行，接续的正是故乡的隐居传统。

隐居，在唐朝有很多种。初唐、盛唐时期，朝廷求贤若渴，对隐逸之士、佛道之人给予极大的优容，历朝都曾颁布举贤招隐的诏令。还设置了专举隐士的制举科，如"哲人奇士隐沦屠钓科"等，科目达十三种之多。

盛世明君希望从山林中发现萧何、张良这样的治国奇才，"举逸民，天下之人归焉"，因此，隐逸之风炽盛。在这样的环境下，有一些士人不乐科举之途，唯以隐居自高。同时又以诗赋为媒，积极向在位者干谒，期待朝廷的发现。

陈子昂有一位叫作卢藏用的朋友便是这类隐士的先驱。我们常说的成语"终南捷径"，就来源于他。《新唐书·卢藏用传》记载，卢藏用"有意识"地隐居在京城长安附近的终南山，以期被朝廷发现。后来，他果然顺利入朝任职。

有位叫司马承祯的道士想要退隐天台山。精明的卢藏用则建议他最好隐居在终南山，因为这里距离长安和天子更近。司马承祯若有所悟地说："终南山的确是通向官场的便捷之道啊。"此后，便多有效仿卢藏用之人。于是，距离两京较近的终南山和嵩山，成了盛世隐者的首选之地。当然，也有一些求学应试的士子选择在京畿（jī）附近的山林、精舍、道观中短期幽居，与高僧名道习业论道。

早期孟浩然的隐居目的非常单纯。从《夜归鹿门山歌》中即可看出孟浩然隐居的真相："岩扉松径长寂寥，惟有幽人自来去。"他选择在山中隐居，是因为倾心于孤清、淡远的生活。孟浩然在鹿门山隐居，鹿门山也因为孟浩然永远获得清幽高逸的品格。

"清幽"是孟诗的一大特点，也是他对这个世界的感悟和偏爱。翻检《孟浩然集》，"清"与"幽"二字时常出现。他将水称为"清波""清泉""清溪"，风称为"清风"，思绪称为"清思"，将山称为"幽山"，人称为"幽人"。他在诗句中创造了一个清幽的山水田园世界。

诗人在语言上的发明，是我们理解山水的关键。如果孟浩然没有从世俗生活中通过语言提炼出这样的风景，我们就很难欣赏到这样的美好。孟浩然热爱家乡，他赋予了那些看似寻常的家乡山水极高的艺术审美。

万山，也是孟浩然家乡的名山代表。这是一座有神话底蕴的名山。这天，孟浩然登上了万山，欣赏着美丽的山水，思念友人，并为此创作了一首诗。诗中呈现了这样的景象：

隐者居于北山的白云之间，某天来了兴致，忽然想起住在对面山中的朋友。于是，自己就试着爬上了山，并欣赏着对面的山川。诗人存着一种天真的意图，想象此刻的自己正在和对面山上的朋友对望。

站在山顶上，诗人的心和天空一样辽阔，许多东西涌了进来。种种意念闪烁，如同那些在云朵之间飞翔、时现时藏的大雁。自己的心情也因为对友人的牵挂而起伏不定。于是，这美好的薄暮，这惬意的清秋，反倒让人生出一种愁。这种愁是清淡而雅致的，是因为缺少朋友与自己分享登高之际获得的美景、快乐而生发的。

诗人想要与友人分享的，还有更多。站在山顶眺望，归人在渡头上歇脚，勾画出暮色中小村那缕人间烟火的温馨之景。天边树木苍茫，矮如荠菜，江畔横舟，弯如月牙。这些让人怡悦的人物与风景，让人生情，也让人生盼。在孟浩然的眼中，这些旧风景永远是新的。

家乡的风景是美好的。然而,家乡的烟火、家乡的人,才是让诗人眷恋的。所以,他将诗歌寄送给友人,并说,你带着酒来我这里怎么样,我们可以在重阳节一起醉倒在这美好的时节!这首诗,就是被选入《唐诗三百首》的《秋登万山寄张五》。我们看到,孟浩然眼中的家乡风景,简单又辽阔;家乡的人,令他眷念深深。

美国作家威廉·福克纳曾说:"我的像邮票那样大小的故乡是值得好好描写的,而且,即使写一辈子,我也写不尽那里的人和事。"孟浩然就是如此,他一直在描写自己邮票大小的家乡,家乡的土地房屋、山水草木、花鸟虫鱼等,所有带有襄阳标记的事物,都走进了他的诗歌。当代人评价孟浩然的诗是"往往点染空灵,笔意在若有若无之间,而蕴藉深微,挹(yì)之不尽"。"蕴藉深微"这个词,用来描述孟浩然的诗歌,真是恰到好处。

孟浩然与自然过早的密切接触,促使他建立了超然的处世观念。他顺应天命的同时,也顺应自己的内心,不再计较得与失、是与非、名与利。那些青山绿水如梦如幻的存在,使他对真和美充满了无限的热爱,农村俭朴的生活也使他建立了高尚的情操。孟浩然将自己的隐居生活当作一场梦,他时而有梦,时而又从梦中醒来,他在梦中比在清醒时感觉更加真实。虽然知道自己的努力是徒然的,但是,孟浩然还是去现实社会中尝试了一把。这些尝试留给他最大的所得，是对家乡山水之美的"更加懂得"。

孟浩然几乎一生未仕，仅有几个月的幕府任职经历。他曾有过三次寻求入仕的尝试，两次赴长安参加科举，还前往洛阳寻找过一次机会。

孟浩然选择洛阳，是因为当时唐玄宗居住在东都洛阳。《新唐书》里记载的那件孟浩然躲在床下的事，就发生在这一期间。《新唐书》说，孟浩然在四十岁（虚岁）的时候去往京师。他在太学赋诗，获得张九龄、王维等人的盛赞。据传，这句名动太学的诗是"微云淡河汉，疏雨滴梧桐"，此句一出，举座搁笔，不复再写。

随后，王维邀请他进了内署，不一会儿，唐玄宗来了，于是孟浩然藏到床下。王维将孟浩然的事情如实告诉唐玄宗。唐玄宗非常开心地说："我听说过这个人，但没有见过。他何至于害怕到藏起来呢？"于是就诏孟浩然出来。孟浩然从床下出来之后，向唐玄宗诵读了自己所作的诗。当他诵至"不才明主弃"的时候，唐玄宗说："你没有求仕，我谈何抛弃你？你为什么污蔑我呢？"于是将他"放还"了。

这些故事可能是杜撰的，但是，孟浩然的确有过走终南捷径的设想。年轻时，孟浩然曾向张九龄（一说向张说）献诗干谒。在《望洞庭湖赠张丞相》这首五律中，他在前两联展示了自己的诗才：

八月湖水平，涵虚混太清。

气蒸云梦泽，波撼岳阳城。

欲济无舟楫，端居耻圣明。

坐观垂钓者，徒有羡鱼情。

后人将颔联"气蒸云梦泽，波撼岳阳城"，与杜甫写岳阳城的"吴楚东南坼，乾坤日夜浮"并论，认为它们是对于岳阳和洞庭湖的最佳描写。诗中这种气势，无人可以比肩和超越。

这首诗的后两联，则全无美感和才气可言。孟浩然直白地请求张九龄援引。然而，直到孟浩然晚年，在张九龄调任荆州长史时，孟浩然才被召入荆州张九龄幕中。但是不到一年，他便辞幕回襄阳了。

《新唐书》还有一则故事，记录了孟夫子作为隐士风流倜傥的一面：襄州刺史韩朝宗想要再次引荐孟浩然，约其同至京师。或许是因为想到此前进京科举时不顺心的经历，孟浩然拒绝了韩朝宗。他给出的理由有些率性，说要与朋友饮酒。这个理由惹怒了韩朝宗，但孟浩然毫不后悔。想必这个时候，孟浩然已经断绝了入仕的念头。

在长安、洛阳求仕的时候，孟浩然经历了很多的曲折。遇到凄风苦雨大风雪的时候，他便会极度思念自己的家乡——那温润的襄阳。比如在《南归阻雪》一诗中他就讲到了自己想回家，但是回不去，这是一种怎样的无奈。求仕未果，更是无比愧疚、内心酸涩。凄风苦雨，寒冬积雪，既是异乡的风景，也是诗人人生低谷的真实写照。此刻的诗人，只能在这样的环境中独自面对失败带给自己的苦痛。

那些写在求仕途中的诗，风景在大多数时候是非常怪异的。比如在《赴京途中遇雪》一诗中，北方的山水在诗人的眼中是单调的、缺少美感的，因为诗人的北上之路是艰辛的。"落雁迷沙渚，饥鹰集野田"一句，提到了大雁和饥鹰的形象，这极有可能是诗人对自己的窘困仕途和远大志向做出的比喻。

寒冬来临的时候，妻子寄来了御寒的棉衣，孟浩然感到更加羞愧了。这样的种种复杂情感，每当孟浩然处于异乡时，就会翻涌而来。而当孟浩然在他乡忍受孤独和寒冷的时候，他对故乡的思念就更加深刻。因此，当他选择彻底结束这种无望的求仕旅程时，内心应该是无比放松的。

在故乡与仕途之间，孟浩然还曾去吴越漫游。孟浩然眼中的山水无比空灵，但总是带着一种旅人才有的轻愁。他的名诗《宿建德江》就是如此。建德江，在今天的浙江省。

移舟泊烟渚，日暮客愁新。
野旷天低树，江清月近人。

这首诗被认为是孟浩然赴京应举失败之后，在漫游吴越期间的舟中所作。诗中的孤独情绪因"客愁"而起。

傍晚时分，诗人将客船移到弥漫着水汽的江中小洲附近停泊下来。水上的烟气是日暮的产物，而日暮是动与静的分野。一切安静下来的时候，羁旅之孤独便如暮色中的烟雾一样升起、蔓延。渐渐地，孤独的愁绪被眼前旷远而清淡的景致打断了，暮色模糊了天地的分界，天际低垂下来，比旷野中的树木还要低。夜空中遥不可及的月亮倒映在清澈的江水上，仿佛来到了人的身边，掬水可得。渺小的人，与旷远幽静的夜空、深邃杳渺的宇宙形成了强烈的对比。客子的孤独情绪，终于被幽远清淡的景致化开。

孟浩然虽然将客舟中看到的风景写得美轮美奂，但是其底色仍然充满忧愁。他写出来的这种景象仿佛在告诉大家，这条路不适合行走，仕途太曲折了。但是，正因为曾经沉浸在家乡的山水中，早已获得过大自然的滋养，孟浩然已经具有了与天地交接的能力。他能在广阔的天地和宇宙中，凭借自然山水，化解自己内在的郁结。

此后的人生中，孟浩然故乡情结不断加深。在仕途的反衬下，家乡更像是他真正的乐土，唯有故乡是他最终的归属。他也因为有了强大的归属感而呈现出了一种不卑不亢的坚忍品格。在还算坎坷的求仕之途中，他既不抱怨，也不曾谩骂，而是顺其自然地接受了自己人生的状态。因为他有故乡可以归返。他相信，故乡会永远拥抱他，不管他是成功的，还是失败的。正因为有故乡托底，孟浩然拥有了自己的风骨，他不用去奴颜婢膝地做什么事。由此看来，那个躲进床下的故事，应该是伪造的。这种历史"趣事"发生在一些假隐士身上的可能性，要比发生在孟浩然身上更大些。

在与山水相关的话题中，我们会说，士人对故乡以及他乡山水的游览，是一个寻觅的过程，他们在寻觅解放自我的方法。对山水的游览是自我净化的开端，当人们离开人群，孤身来到清幽之地，就将自己的身体与世界隔离开来了，精神也完成了超越。而家乡的山水，与他乡的山水相比，总是有着更为丰富的意义。孟浩然的《过故人庄》中对家乡的描写便是如此。在这首诗中，孟浩然对故乡的理解是无比深刻的：

> 故人具鸡黍，邀我至田家。
> 绿树村边合，青山郭外斜。
> 开轩面场圃，把酒话桑麻。
> 待到重阳日，还来就菊花。

这首诗，孟浩然似乎是在学习陶渊明。这里没有山水光影的变幻，也缺少层次鲜明的布置。一切都是以高度概括的方式，讲述了去往田家的过程。鸡黍、田家，绿树、青山，场圃、桑麻，重阳、菊花，这些在诗中提及的词语，都是早已约定俗成的词语，而非个人的创造。孟浩然似乎去掉了所有的雕饰，也不在其中暴露情感。他以平实的调子写出了这首诗，就像在说家常话一样。孟浩然在为诗歌语言去除雕饰的时候,也在为心灵做减法。

村庄里的生活,是简单的。海子在1986年也写过:"村庄,在五谷丰盛的村庄,我安顿下来/我顺手摸到的东西越少越好!"

是啊,村庄中的一切,都是如此简单,又是如此令人满足。海子的村庄既是具象的,又是抽象的;既是土地上的生存之所,也是精神与灵魂的安栖之地。村庄,让从城市归来的海子回到生命的本来之处,为他卸下俗尘的枷锁。

对于孟浩然来说,村庄也是一个足以令他安顿的地方。在故人的村庄中,简单的食物就可以令他满足。而且,他还期待到下一个菊花盛开的季节,能够再次来到这里。

海子到北京上学之前,一直生活在农村。他曾自豪地对朋友说:"乡村生活至少可以让我写上十五年。"就孟浩然而言,家乡的山水是他最信任的灵魂栖息地,也是他一辈子的诗歌创作来源。对于自然山水的深沉热爱,再次见证了古今伟大诗人的心灵相通。

孟浩然有一首家喻户晓的诗作《春晓》。然而,只有当我们读懂孟浩然对家乡山水的热爱,以及他对家乡山水的"探微"能力,我们才有可能读懂《春晓》:

春眠不觉晓,处处闻啼鸟。

>夜来风雨声，花落知多少。

这首诗是在说，人类昏睡不觉的时候，自然界完成了阴阳、晴雨的转换。鸟的啼鸣唤醒了沉睡的人，从落花这一日常物候的微妙变化之中，人类敏感地猜测到了昨夜悄然发生过的事情。

"花落知多少"这一疑问对象，是经历昨夜风雨的鸟？是制造昨夜风雨的造物主？抑或诗人的自问自答？我们不得而知。但我们可以知道的是，"落花"让诗人想到了春天的结束，以及生命的存在、消逝与繁衍。诗人意识到，在伟大的造物主面前，在奥妙的生命面前，人类的认知如此肤浅而迷茫，好像自己并不知道一夜的落花有多少一样。

现在看来，《春晓》这首诗的表面意思，我们似乎都懂。但是，诗中潜藏的深层含义似乎并没有那么容易挖掘。实际上，越是简单的诗，越不好解读。在孟浩然看似淡薄无味的诗歌笔调中，沉附着宇宙的思索和纯粹的天真。

在孕育生命的春天里，面对自然规律和生命的代谢，诗人陷入了淡远的孤独和轻愁，他不知道自己的生命来自哪里、去向何方，自己还有多少时光。同时，诗人的天真烂漫之感，也充满了字里行间。

在这首诗中，孟浩然就像一个少年，询问着那些我们无比熟悉的自然现象。这是一种在家乡山水中获得的"探微"能力。这种能力，令他把见到的一切事物，都带入了宇宙的奥秘中。就像他在遇到风雪之时，总会将自己安顿进故乡宁静的山川水渚中。

十七

溧阳
孟郊的游子思亲

孟郊在将近五十岁时才考上科举，做了官。

他第一个赴官地点在溧（lì）阳（今江苏省溧阳市），他要去这里做县尉。孟郊一到任，就把母亲接到了官署。他那首著名的《游子吟》，并非在写此时此刻的心情，而是在写那些科举不顺的岁月里，自己与母亲的每一次离别：

慈母手中线，游子身上衣。
临行密密缝，意恐迟迟归。
谁言寸草心，报得三春晖。

或许，有一个晚上，他忽然想起了那些赶考离家的前夜。数十年的寒窗苦读，他人生中的暖意是从母亲那里获得的。自己就像一棵小草，母亲就是那春天里的阳光。孟郊在长期的漂泊生活中，深刻体会到游子的艰辛和母爱的伟大。即便自己上任后立即把母亲接到身边，但他仍然觉得，自己一辈子也报答不尽老人家的恩情。

《游子吟》正是千万寒门士子的真切心声。在许许多多的普通家庭里，母亲默默地支持着孩子，她们在漫长的岁月里，不计回报地目送孩子踏上人生的求索之路。在漫漫人生路上，孩子能够携带在身边的，也只有这份母爱。这份母爱陪伴他们走过了孤独、清寒的岁月。谁不曾有过这样离家远行的夜晚呢？谁不曾有眷恋着母亲又不忍与母亲的双目相对视的时刻呢？这首诗，在重视亲情的中国人心中代代流传。对于孟郊而言，这份纯粹又有力量的母爱，是他的半生支持。

除了这首《游子吟》，我们对于孟郊的了解，还来自一句"春风得意马蹄疾，一日看尽长安花"。这大概是孟郊一生中最快乐的一天了。有人认为，人生的进取得失都是常态，孟郊怎么就高兴到了这个地步？器量是不是太小了，品格是不是太粗鄙了？

这样的定义与猜测，对孟郊而言是不公平的。一个人的快乐背后，有许多看不到的泪水。别人快乐的时候，我们应该给予支持，这不仅是因为人生苦多乐少、快乐可贵，也是因为分享快乐是真诚的。

孟郊这一生，看过三次长安花，前两次是在落第的时候。那时的情景和这次大为不同。

孟郊的出身很清苦，他的父亲孟庭玢只做过一任昆山（今江苏省昆山市）县尉，在孟郊十岁左右就离开人世。随着孟郊父亲的亡故，这个家庭陷入困境。孟郊的母亲，只身一人撑起了家庭。当时的孟郊幼小，他的弟弟们年龄更小。要将家里三个年幼的孩子抚养长大，孟母非常不易。她要养家糊口，而孟郊作为长子，也要承担一定的家庭责任。所以他走出家门赴京赶考的时候，已经是一个中年人了。

贞元七年（791），四十岁的孟郊在母亲裴氏的鼓励下，参加了乡贡考试，中了贡士。次年，赴长安应试进士不中。贞元九年（793），四十二岁的孟郊再应试，又不中。

唐朝的进士考试比较复杂，不仅要靠自己有才华，还要去社交——通过干谒为自己博取名声。第一次从浙江地区来到长安的孟郊，年纪又大，也不太会说漂亮话，写的也是一些苦吟的诗。这样的他，能遇到多少知音呢？意料之中，他第一次考试落第了。

按唐制，进士考试在秋季举行，发榜则在次年春天。这一天，考上进士的人们，穿上锦绣衣裳，扎上彩带红花，骑着高头大马，迎着和煦的春风，到城南的曲江、杏园赴宴。在鲜花簇拥的长安街上，享受着金榜题名时带来的人生快意。

然而，在落第的孟郊眼中，春天的花朵上落满了寒霜。即便他走在万物欣欣向荣的春天里，却感受不到春光。这种痛苦与孤寂，是要细品之下才能感知的。孟郊认为自己是被抛弃的人，心中犹如刀割剑穿一样难受。

孟郊的性格，与流俗很难融合。孟郊出身宦门，遵守着儒家思想的教诲，坚持着正直的人格和操守。这样的人，是不愿意趋奉流俗的。韩愈说他是"孟生江海士，古貌又古心"。由此看来，他应该是一个严肃的人。孟郊为人处世洁身自好，常以松柏自喻，《新唐书》也记载孟郊"性介少谐合"。孟郊的这种性格也源于他的高度自信，对于自己政治才干的信心。他在很多的诗中都表达了自己的志向，将自己和周围那种谄媚的环境比作澄玉与沙泥。这种才高气清的品质，作为朋友和知己的韩愈是了解的，但是周围的人恐怕就无法了解了。

第二次参加科举考试的孟郊，在临行前的夜晚，还是和母亲依依不舍。母亲缝制着冬衣，为他准备行囊。但是，这次考试又失败了。这一年的春天，依旧难熬。春天的花朵，在孟郊眼中更为惨淡了。他写下了一首《再下第》，诗中说自己落第后彻夜难眠，一晚上爬起来八九次感叹伤心，连回乡的梦也做不成了。两次来到长安，面对春日里艳丽的花朵，孟郊却没有畅快的心情，只有一双泪眼。

孟郊落第回家后，又过去了好几年。他或许感觉到，这并不是单靠努力就能够成功的事，渐渐想要放弃了。贞元十二年（796），孟郊四十五岁，母亲裴氏见儿子终日苦吟，劝他再去应试，借以慰藉落寞心情，也为生计。于是，孟郊遵母命来到了京师。到了这个年纪，谁还想再承受失败的痛苦呢？或许，孟郊原本对于自己的人生是彻底悲观了。但是在母亲的鼓励下，他还是来到了长安。这一次，竟然出乎意

料地考中了。于是孟郊用一种又喜又悲的心情,写下暗含愤慨之情的《登科后》:

昔日龌龊不足夸,今朝放荡思无涯。
春风得意马蹄疾,一日看尽长安花。

这首诗里,孟郊用"龌龊"形容自己。龌龊,是器量狭小局促的意思,唐朝人很喜欢用这个词形容人生格局的狭小。比如王勃就在《秋日游莲池序》里说:"人间龌龊,抱风云者几人。"在没有登第之前,孟郊就是过着这样一种局促的生活,作为一个贫寒的士子,他的人生似乎没有什么可能性。中国古代知识分子路是很窄的,只有在中了进士、蒙受皇恩之后,他们的人生道路才可能被拓宽。中了进士之后的孟郊,终于感到人生的另一种可能。

这时候的孟郊,踌躇满志,准备施展才华、为民办事、报效朝廷。然而,在苦等四年之后,四十九岁的孟郊才被吏部选为溧阳县尉。对于这份工作,孟郊是失望的。这个官职主要负责管理当地的治安,一介书生对处理鸡鸣狗盗等纠纷事情并不擅长,这份工作的内容也令他相当烦心,可以说孟郊根本做不来。于是,上面派人来代替他做了部分工作,孟郊就被分走了一半的薪水。这样一来,孟郊又陷入贫困,他的薪水甚至不够养家。做官做到无法正常生活,在古代相当罕见。没过几年,孟郊由于无法忍受这种贫困，辞去了溧阳县尉的工作。

孟郊的性格，也让他和周围的人很难相处。韩愈在《荐士》中就说过，五十多岁的孟郊，和周围的环境无法相谐共存。而且大家也无法理解孟郊的抱负，常常对他加以嘲笑，对于他的贫穷更是蔑视。其实，孟郊的身上，也承载着现代人的困境。有些工作，自己根本不喜欢做，却不得不做。自己的梦想需要被搁置，每天面对的都是枯燥的生活。周围的人际关系，有时候也很难处理。

正因为人生常有艰难，所以如果有机会把时间拨回他考中进士那天，我们一定要祝福他：孟郊，尽情快乐吧！马蹄飞奔的速度可以更快一些，你要让长安城里的花朵，都分享你今天的快乐。

今天的世俗社会，人生的成功往往与金钱、地位挂钩。对于古人而言，并非如此。士大夫阶层的知识分子，尤其是那些奉儒守官的正直之士，他们认定的梦想，是要对社会负起责任、为天下苍生服务、对社会有价值。这是中国古代儒家的价值观。要理解孟郊的梦想，就要进入当时的社会情境中去。中晚唐时期，经济急剧衰败，藩镇割据猖獗，还有激烈的朋党之争。像孟郊这样的士人是关心国家命运的，当社会陷入无休止的政治动乱，民生陷入凋敝，他们会觉得一切与自己有关。这是中国自古以来的"士"精神。个人的幸福，是与国家的幸福联系在一起的。

孟郊在诗里常常会写起自己的忧虑。关于藩镇割据，一想到在那里发生的不正义战争，他就会愁得晚上睡不着觉。孟郊痛恨战争对百姓幸福生活的毁灭，他感叹：不是说天地生人，人最珍贵吗？为什么这里要经受战争之苦，白骨纵横？为什么在这样美好的春天，人的生命被迫终结，还不如一棵小草？他感叹兵器无情：天地啊，不要生金！金，指一切金属，它们最后会被制作成武器。孟郊有这种反战思想，真是宅心仁厚。

与忧虑国事息息相关，孟郊具有忧民情怀。他在诗中为百姓哭号，字字血泪，他希望能够为国家做点儿什么，却被困在县尉的职位上。他发现在这种制度下，自己的能力是无比渺小的，能做的只有哀鸣。溧阳的同僚们，也大多讨厌他。世态炎凉，无疑让他受到身体和精神的双重折磨。

辞官后的孟郊去了哪里呢？元和初年，郑余庆担任河南尹，请孟郊担任水陆转运判官。之后，郑余庆又出镇兴元（今陕西省汉中市），召请孟郊担任参谋。可惜的是，这一次，年老体弱的孟郊死在了途中。

在人生的中晚年时期，孟郊在生活上陷入了深度贫困。《唐才子传》中记载："郊拙于生事，一贫彻骨，裘褐悬结。"他常苦于生计，"借车载家具，家具少于车。借者莫弹指，贫穷何足嗟。百年徒役走，万事尽随花"。欧阳修后来分析这首诗说，这是在说家徒四壁。

孟郊晚年的时候，政治动乱更加频繁，他常常颠沛流离、寄人篱下，生活变得越来越差。年岁衰老更加重了他的落魄。晚年的孟郊深陷贫困，常常担心哪天出门就无法回家了。在这种强烈的忧虑和痛苦中，他无比思乡。而在这个时候，他最为想念的，就是母亲裴氏。在《游子》这首诗中，他写道："萱草生堂阶，游子行天涯。慈亲倚堂门，不见萱草花。"萱草，是象征母爱的草。

这首诗，应该是孟郊在母亲去世后写的。当年，萱草开满了堂前阶下。那时候游子离开了家门，去远行、追梦。而今，只剩下回忆。回忆中，母亲斜倚堂门，等待自己回来。那些曾经盛开的萱草花早已枯萎，已经看不到了。这首小诗，有一种直击心灵的痛感。有父母时，尚有来处。当父母都不在了，这种孤独存于世间的痛苦滋味，会无比清晰和浓郁。

孟郊晚年，除了失去母亲的痛苦，还有着其他惨痛的人生遭遇。他的三个儿子先后夭折。哀痛欲绝的孟郊写下了一组诗——《杏殇九首》。这组诗，写尽了一个父亲对儿子早夭的抱歉、悔恨和无尽悲伤。在人生的残年中，孟郊感受到，周围似乎总是刮着凛冽的寒风。孟郊的寒，是人生遭遇给他带来的。

这世上，并不是每个人的付出都会有回报，这样的道理在孟郊身上尤为明显。在他活着的当下，世道和命运，并没有给他带来足够多的幸运。他对命运的悲号，全部来自真实的现实生活。

在世风日下、学风渐浅的时候，孟郊依然坚持学习和创作，并通过这种创作获得痛苦的精神满足和释放。"夜学晓未休，苦吟神鬼愁。如何不自闲，心与身为仇"，正是在不断的创作中，孟郊写下了自己的理想、追求、悲伤和欢乐。而无论何时，母亲都是孟郊心中永远盛开的萱草花。母爱的温暖，是支撑孟郊在一生穷苦中始终坚持向学的力量。

今天，我们几乎每个人都会面临离开父母的远行。辞亲远游，像是人生必须经历的一场修行，仿佛是一种成人的仪式。现代社会的辞亲远游，或许因为交通、通信的便利，而显得没有那么深的悲伤感。我们似乎总是很容易就能和父母重逢，但故乡与母亲的关联是切不断的。

海子在《给母亲》组诗中写道，"妈妈又坐在家乡的矮凳子上想我"。是啊，母爱就是如此简单，但又如此令人感怀。岁月年光有限，我们一定要珍惜那些还有机会和父母道别的日子，带着他们的期待和鼓舞，踏上一次又一次的新征程。

十八

江南
温庭筠的末世迷途

一个清冷的早晨，温庭筠离开长安，要去远方。

此刻的他是要远行的游子，却依然眷恋着身后的故乡。赶路的时候，他听到鸡鸣，看到月亮在客舍幽蓝的夜空中挂着。板桥上结霜了，还留有前面行人的足迹。悲伤的情绪四处弥漫，竟和秋天的况味如此相合。

温庭筠是唐太宗时宰相温彦博的后裔。他到了中年的时候，全家迁居进了长安鄠（hù）县（今陕西省西安市鄠邑区）的郊外别墅，也就是所谓的杜陵。杜陵在唐朝属京兆府，在京城之外。在求取功名之前，除了出塞、游蜀、东归吴中、漫游吴越，温庭筠大部分时间都居住在杜陵。

我们经常说，诗人的天职是还乡。那么诗人的故乡，到底在哪里呢？诗人最经常回去的，其实是精神中的故乡。精神故乡，随着旅行的步伐产生。在哪个地方安顿过自己、有过种种思考，就容易把那个地方当作自己的精神故乡。我想，每个人心中，都有自己营建的精神故乡，或者一个难忘的精神空间。

那些我们最难忘的风景，一定在这样的空间中，经历了记忆、情感的过滤，给我们带来了无穷的精神抚慰。

温庭筠的精神空间是什么样子的呢？

对于许多人而言，温庭筠这个诗人有些陌生。但是他的《菩萨蛮》这首词，还是有一定名气的：

> 小山重叠金明灭，鬓云欲度香腮雪。
> 懒起画蛾眉，弄妆梳洗迟。
> 照花前后镜，花面交相映。
> 新帖绣罗襦，双双金鹧鸪。

什么是"小山"？这个争议可太多了。有人说，小山，是折叠的屏风或者是屏风上的画山；金明灭，是透过屏风或明或灭的晨光。有人说，小山，是女子用的枕头。有人说，小山，是女子插在头上的金背小梳。有人说，小山，是指唐朝女子描的眉毛式样，叫小山眉，形容女子的眉黛像连绵起伏的山峦。还有人说，小山，是女子眉毛之间的额黄。

有关"鬓云"的争议也很多。有人说是梳好了的头发，有人说是没有梳好的头发，看上去很慵懒。其实，鬓云就是云鬓。古代妇女对发鬓十分重视，在这些发鬓的样式之中，被刻意打薄的鬓发在脸庞自然下垂，这就被称为"云鬓"或者"蝉鬓"。唐朝很流行这种发式，大家或许在一些名画上，也见过这种云鬟。比如周昉的《挥扇仕女图》中,一位发髻整齐的贵妇对镜梳妆,就在整理自己的云鬟。温庭筠非常喜欢描写云鬟,在很多词里都提到过云鬟。

"懒起画蛾眉,弄妆梳洗迟"一句的解释,也有争议:一种是说,诗中的女子满怀春怨,睡至日上三竿还不愿起身梳妆;另一种则是说,这个女子生活优渥,每天有很多空闲时光,她可以慢慢地梳妆,慵懒娇嗔。

至于"照花前后镜,花面交相映。新帖绣罗襦,双双金鹧鸪",在讲她终于梳妆完成,穿上了印着金鹧鸪的襦裙。有人认为她失去了爱情、怀着怨恨,在孤独地照着镜子。也有人说,她对自己的妆容无比满意,对爱情充满了希冀。

这样小小的一首词,它的意思正着说可以,反着说也可以,让我们不得不佩服温庭筠的写作能力。除了这首《菩萨蛮》,温庭筠还有一首词也被大家熟知,那就是《望江南》:

梳洗罢,独倚望江楼。
过尽千帆皆不是,斜晖脉脉水悠悠,肠断白蘋(pín)洲。

这首词,在写一个孤独的思妇或者怨妇。词中的女子无事可做,倚着栏杆望向远处。她似乎在等候谁的归来,但是,来来往往那么多艘船中,没有一艘船是自己要等的。"肠断白蘋洲",是她最终的心绪。

这些有关爱情的词，在当时被认为是浮艳的，主流社会难以接受。温庭筠的坎坷仕途、糟糕名声，都和他写作这样的词有关。那他为什么要写这样的小词呢？

这些词的背后有一个被提炼出来的地理空间——"江南"。温庭筠喜欢这些词，或许是因为他把江南当作了自己的故乡。温庭筠的作品中，直接把江南作为故乡的诗有十多首，表现江南风情的诗词则更多。

《望江南》又叫《梦江南》。这首词描写了江南水乡的样子。白蘋洲，是江南常见的、长满草的水中小洲。白蘋是一种水生植物，一株根茎上顶着四片小叶，叶初生时浮于水面，随后根茎固定在水中的泥地里，夏秋开小白花。《楚辞》中曾多次提到这种香草，在后世诗歌里，白蘋更是作为江南风物的典型代表。

在诗里，温庭筠经常自称为"江南客"，只要去东南，就会说"东归""归江东"。遥远的故乡，回不去了，但是此刻所在的地方，又似乎并不完全属于自己。写下与江南相关的诗词时，温庭筠或许回到了"江南自古繁华"这样的充满想象的精神空间之中。

江南，可能是温庭筠童年生活中最美好的一段岁月。温庭筠八岁左右丧父，他是被收养长大的。至于收养他的人是谁，温庭筠只说是"故人"，到底是温造还是段文昌，目前研究者有各自的说法，但段文昌的可能性会更大一些。

段文昌是段成式的父亲，段成式是著名笔记小说集《酉阳杂俎》的编纂者。大和元年（827），段文昌任扬州大都督府长史、同平章事、淮南节度使等职。温庭筠可能随他初次客游江淮。这段生活想必是新奇而愉快的，给温庭筠留下了深刻而美好的印象。遗憾的是，大和九年（835），段文昌去世了。这时候，温庭筠需要踏上奋进的人生道路，给自己谋一个前程。于是，这一年，他去了长安。从此，江南和江南的民歌，就成了他永恒的记忆。

温庭筠自幼身负才华。但他的科举之路并不顺利，直到晚年才做了一个小官。温庭筠年轻的时候，曾经和庄恪太子李永交往频繁。或许那时候，温庭筠希望能够从太子这里走一走捷径。但是，这个太子对温庭筠后来的人生反而起了负面作用。

开成元年到开成三年（836—838），他从庄恪太子游，太子获罪，罪名是"宴游败度，不可教导"。温庭筠从太子游，是做他的文学侍从，并不是很重要的职务。

温庭筠是一个很懂音乐的文人，有弦即弹，有孔即吹。开成三年（838），太子暴卒。唐文宗失去太子之后，非常痛恨那些曾经陪在太子身边的宦官和乐工。开成四年（839），唐文宗杀死了刘楚材、张十等乐工、伶人，这正是温庭筠准备第二年参加礼部进士考试的关键时刻。

这次影响还不是最大的，最大的恐怕是两次"旅游淮上"时发生的事件。那时候的温庭筠非常贫困，于是旅游淮上，寻求扶助，但是受了侮辱。唐朝笔记小说记载，有个叫姚勖（xù）的人，时任扬子留后，赠予温庭筠不少钱帛。结果温庭筠并没有拿这些钱干正事，而是用于狎邪之事。姚勖知道了以后大怒，就拿"梫（jiǎ）楚"把他狠狠打了一顿，而后将他赶走了。笔记小说记载的这个故事是否真实，有待考证。

若干年后，温庭筠又遇到了另一件淮上受辱的事件。温庭筠之前经常出入宰相令狐绹的书馆中，大概也是以文学侍从的身份。令狐绹从相国的位置上退下之后，到淮南做了节度使，行署在扬州。温庭筠心怨令狐绹在相国任上时不助他入仕，因此不去拜谒。一晚，他喝醉了，走到了令狐绹的官署索要钱财，结果被打破了脸，牙齿也被打断了。

事情真的是这样吗？也不好说。当时读书人的地位很高，侮辱士人是很大的罪名。温庭筠回到长安后，给当时的公卿写信申冤，上书给"裴相公"（裴度），希望他能主持公道。无论历史的真相是什么，这次受辱无疑让他的文名一落千丈。这一年在科举考试中，他也受到了影响。温庭筠甚至背负着这样的名声，走完了人生的后半程。

唐朝科举考试，以诗赋取士。考试者会得到三根蜡烛。三根蜡烛烧完，就要做完八韵的诗赋。当时有人作对联说："三条烛尽，烧残士子之心；八韵赋成，惊破试官之胆。"三条蜡烛烧尽，八韵赋写不出来的大有人在。但温庭筠偏有一种本领，他应试时，不用打草稿。他把手笼到袖子里，伏在几上，信口吟诵，便能做完卷子，时号"温八吟"。还有一种说法是，他一叉手即成一韵，八叉手即能完篇，又号"温八叉"。

在大中末年（大中年，847—859），他累年不第，代人考试的名气却越来越大。因此，主考官特地让他于帘下单独应试。不料在这种情况下，他还是能够通过口授答案，暗中帮助八个人答卷。

温庭筠选择以一种玩世不恭的态度面对世界，彰显着他对当时世界的悲观心态。有才华又如何，科举考试轻而易举又如何，自己不还是只能沦为那些官员的代笔者吗？在野史中，令狐绹曾经让温庭筠代笔作《菩萨蛮》。此事的真假已经无法考证。但是，温庭筠被显贵们利用，成为他们的代笔人，应该是他真实的宿命。

温庭筠总被视为文人无行的典范。但是，历史上记载的就一定是真实的吗？当时与之同时的诗人文士，同情他际遇的人实在是太多了。温庭筠被贬做方城尉的时候，大家争相为他饯行，赋诗相赠，并纷纷表示温庭筠是才高累身。这个时代既忌讳他的才华，也忌讳他的个性。他无法成为一个独立的人，只能依附于令狐绹。他对科考的这种态度，是以一种独特的方式向时代发出抗议。而他越抗议，那个时代就越容不下他。

温庭筠是颓靡时代里的一个新人。生在晚唐的他，和《红楼梦》里的主角贾宝玉有些相似，他们都在末世中看不到出路。他写的与历史题材相关的诗中，总有一连串的追问：命运是什么？诗人又该何为？在这个思想层面上，温庭筠作为晚唐诗人的意义是非常深刻的。为此，我们不妨来谈两首诗。

有一首边塞诗，大家一定是熟悉的，那就是《苏武庙》：

苏武魂销汉使前，古祠高树两茫然。
云边雁断胡天月，陇上羊归塞草烟。
回日楼台非甲帐，去时冠剑是丁年。
茂陵不见封侯印，空向秋波哭逝川。

这首诗很经典。苏武在塞外卧冰尝雪十九年，不辱汉节。直到汉昭帝时，朝廷与匈奴和亲，双方关系修好，苏武才在始元六年（前81）被接回来。

苏武的经历，与温庭筠的祖先温彦博，有着非常多相似的地方。唐高祖武德年间，突厥入侵，温庭筠的先祖温彦博是并州（今山西省太原市）道行军长史，被派去抵抗匈奴，与敌人战于太谷。不幸的是，唐军失败了，温彦博被抓住成了俘虏，被囚于阴山苦寒之地。直到唐太宗时突厥投降，温彦博始能还朝。

苏武在塞外十九年，当汉使接他回去，他感到恍惚，那些无声等待的岁月，十九年的光阴，好像都静止在胡月塞草当中。苏武回来以后，恍惚感更为深刻。多少年的光阴就此逝去，去的时候，自己明明那么年轻；回来的时候，老皇帝死了，换成了新皇帝。他立马去拜谒了汉武帝的陵园。之后，他被拜为典属国，秩中二千石。恍惚的苏武，此时此刻，只能对着逝去的秋水，哭泣流逝的时光。人在命运面前几乎没有还手之力。苏武可能也未曾料到，命运最终给了自己这样的安排。

温庭筠写《苏武庙》的时候，营造了一种广阔的精神空间。他将历史人物的故事、祖先的经历和个人的政治梦想，全部融入了这首诗。人生如梦，这种梦中的恍惚之感，是温庭筠能够从真实的人文地理中抽离出来的一种精神空间的写照。他在真与幻之间，看到了命运的不定。而这世界上许许多多的人，其实都不知道命运会如何安排自己。

过去，人们会评价说，《苏武庙》最后一句诗"茂陵不见封侯印，空向秋波哭逝川"，格局真的太小了。怎么只想着"封侯"这种功名利禄呢？思想是不是太庸俗了？其实，温庭筠关心的是人——具体的人。他抛开了那些宏大叙事，而只是关心一具血肉之躯。

温庭筠的另一首诗《蔡中郎坟》，过去可能只会被解释为讽刺诗。但是，从诗的结构来讲，这首诗不仅仅在讽刺，它同样是站在历史废墟面前的精神建构：

古坟零落野花春，闻说中郎有后身。
今日爱才非昔日，莫抛心力作词人。

蔡中郎，就是蔡邕，蔡文姬的父亲，是东汉末年著名的文学家、书法家、音乐家。早年的时候，他参与续写《汉记》并刻印《熹平石经》，后因罪被流放，几经周折，避难江南十二年。后来，董卓起用了蔡邕。董卓被杀后，蔡邕因为在王允的座上感叹了董卓之事，被下了狱，最后死在狱中。

什么是"闻说中郎有后身"呢？南朝殷芸编纂的小说里说，东汉张衡逝世之时，蔡邕的母亲才开始怀孕。而蔡邕和张衡长得非常像，所以大家就说，蔡邕是张衡的"后身"。《文心雕龙》里还说："张衡通赡，蔡邕精雅，文史彬彬，隔世相望。"这里，也并称了二人。

温庭筠在诗中提及蔡邕，是在说，世界上有许许多多像蔡邕这样，要用文才立身的人，他们甚至将文才当作"稻粱谋"的渠道。这样的人，一代又一代地诞生。但是，因为时代会变化，所以他们的命运各自不同。温庭筠感叹，在东汉末世，蔡邕还在动荡的政治中发挥过自己的才能，被人重用过。但是如今，那些像蔡邕一样有才华的人却没有得到重用。

蔡邕能够引起温庭筠的强烈共鸣，除了因为他们二人都是以文才著称，也因为他们有过相似的地理旅行。温庭筠站在蔡邕的坟前，在精神空间中和蔡邕进行了命运的关联。这种关联，看似是悲观的，却是对命运的透视。

一个长期从事诗歌写作的人，是最容易对诗歌创作本身的意义产生追问的。站在苏武庙前、蔡邕的坟墓前，站在许许多多历史遗留的地点前,温庭筠追问历史,却总将思绪落在当下的时代,关心当下的人。

英雄已经远去。晚唐末世,孤独的诗人在历史的废墟前,望向历史深处,寻找英雄的背影。这是潜藏在《蔡中郎坟》中的生命追问。这寂寞的春天里,开着小小的野花,温庭筠面对着一座寂寥的古坟。他的精神空间里,装下的不只是自己,也不只是蔡邕,而是千千万万有才无运的诗人,思考的是这一类人共同的命运。在贫乏平庸的时代,才华并不会受到重视,这是温庭筠在精神空间里感知到的苍凉。

一场旅行,一段时期的客居,终会通过记忆、思考和回想进入诗歌中,凝结成精神的空间。这种精神空间,比之于实际的地理空间而言,对人的意义可能更为深远。世路难行,经历了多年挫折以后,温庭筠是否还记得这次前往长安求取功名的经历?是否还记得那些结着春霜的清晨?这些都已经不得而知了。

但是,我们可以从温庭筠的诗歌中,永远记得他的精神世界。这是一个用具体风景和人物建构出来的世界,其间有个体的温暖、甜蜜、痛苦、苍凉,也有人类的足迹。"鸡声茅店月,人迹板桥霜"——我们仿佛看到,在一个幽明交替的时刻,温庭筠踏上了自己的旅行。而人类,迈出了探知未来的步伐。

(全书完)

唐诗里的十八场旅行

作者 _ 蔡丹君

编辑 _ 张睿汐　　装帧设计 _ 肖雯　　插画绘制 _ 牧跨界徐子 AI 绘制
主管 _ 王光裕　　技术编辑 _ 顾逸飞　　责任印制 _ 刘淼　　策划人 _ 贺彦军

鸣谢

施萍

果麦
www.goldmye.com

以 微 小 的 力 量 推 动 文 明

图书在版编目（CIP）数据

唐诗里的十八场旅行 / 蔡丹君著. -- 成都：四川文艺出版社，2025.5. -- ISBN 978-7-5411-7244-1

Ⅰ．K825.6

中国国家版本馆CIP数据核字第2025VU5319号

TANGSHI LI DE SHIBA CHANG LÜXING
唐诗里的十八场旅行
蔡丹君 著

出 品 人	冯　静
责任编辑	陈雪媛
责任校对	段　敏
出版发行	四川文艺出版社（成都市锦江区三色路238号）
网　　址	www.scwys.com
电　　话	021-64386496（发行部）　028-86361781（编辑部）
印　　刷	北京盛通印刷股份有限公司
成品尺寸	145mm×210mm
开　　本	32开
印　　张	7
字　　数	140千
印　　数	1—10,000
版　　次	2025年5月第一版
印　　次	2025年5月第一次印刷
书　　号	ISBN 978-7-5411-7244-1
定　　价	58.00元

版权所有　侵权必究。如发现印装质量问题，影响阅读，请联系021-64386496调换。